특별한 1%의
행복한 부자노트

‘특별한 1%’의

행복한 부자노트

인쇄일 2023년 4월 6일
발행일 2023년 4월 12일

지은이 최성
펴낸이 백은숙
편집 최성
디자인 그래픽웨일
펴낸곳 K-크리에이터
등록번호 제 2019-000192호
주소 서울시 영등포구 국회대로 800, 724호(여의도동, 파라곤)
전화 02-932-0001 **팩스** 050-7075-9057 **이메일** secretnote@kpei.or.kr

ISBN 979-11-971622-8-2 (04190)

‘특별한 1%’의

행복한 부자노트

최성 엮음

K
크리에이터

CONTENTS

2 단계

특별한 1%의 행복한 부자의 길

3 단계

행복한 부자로 가는 확실한 10가지 법칙

4 단계

절망 속에서 행복한 부자가 되는 열 가지 습관

5 단계

행복한 부자가 되기 위한 10가지 단계

6 단계 특별한 1% 부자의 돈 관리 시스템

7 단계 1% 최고의 부잣집에서 찾은 행복한 집의 비밀

10 단계

행복한 부자 프로그램 (HRP)

<일러두기>

《특별한 1%의 행복한 부자 노트》는 동서고금을 망라하고 다양한 인물과 그분들의 저서가 많이 인용되었기에, 해당 부분에 저자와 저서를 명기하였다. 다만 구체적인 출간 연도 및 출판사는 책 말미에 참고문헌의 형태로 장별로 정리했으며, 국내 독자를 위하여 원작보다는 번역본을 명기하였다.

《특별한 1%의 행복한 부자 노트》는 '행복한 부자 프로그램'(Happy Rich Program)의 <실천 프로그램>과 장별 <AICTION PLAN>과 <IDEAS & NOTES> 등으로 구성되어 있다. 이 과정에서 다양한 <체크리스트>가 포함되어 있기 때문에 책을 읽어가면서 스스로 평가해보면 매우 유용할 것이다.

《특별한 1%의 행복한 부자 노트》가 제시하고 있는 다양한 평가지표 및 체크리스트에 대한 평가는 개인적인 판단에 따라 점수(1점~100점), 학점(A학점~F학점) 혹은 O, X 형태로 매기면 될 것이다. 해당 주제별로, 자신의 목표와 가치관에 따라 평가 기준은 매우 주관적이기 때문이다.

끝으로 <부록>에는 《특별한 1%의 행복한 부자 노트》를 통해서 다양한 <ACTION PLAN>을 가동해 본 이후, 최종적으로 '나와 우리 가정의 행복한 부자 노트'를 종합적으로 마련하였다. 1년 365일 시스템 다이어리로 사용하면 될 것이다. 분량이 부족한 부분은 해당 부분을 복사해서 사용하시면 된다.

나만의 '행복한 부자 노트'를 작성해 볼까요?

이제 새로운 인생!

행복한 부자가 되기 위해

과거의 습관을 '새로운 습관'으로 개선하는 '실천'노트

오늘의 성공기록을 기록하는 '성공'노트 함께 작성해 보세요!

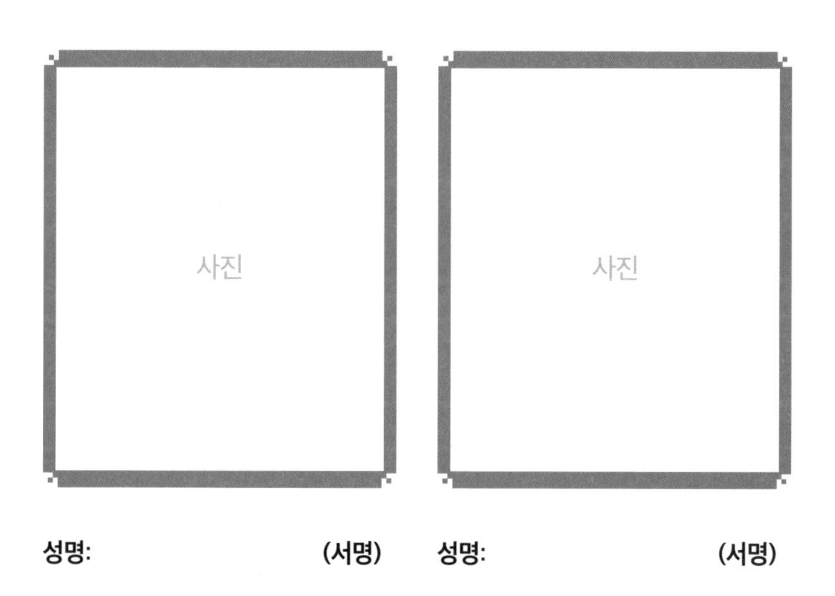

성명: **(서명)** **성명:** **(서명)**

《특별한 1%의 행복한 부자 노트》를 펴내며

《특별한 1%의 행복한 부자 노트》는 동서고금을 막론하고 특별한 1%의 행복한 부자들의 시크릿 노트를 종합한 것이다. 5천 년의 역사 속에서 대중들에게 쉽게 공개되지 않았거나, 공개되었더라도 크게 주목받지 못한 주옥같은 성공 노트의 핵심을 모아 보았다. 코로나 전쟁 이후 포스트 코로나 시대, 반드시 기억하고 실천해야 할 성공의 비밀열쇠를 찾아 이를 종합적으로 정리한 것이다.

특별한 1%에 해당하는 사람들은 피터 드러커, 데일 카네기, 나폴레온 힐을 비롯한 세계적으로 '부와 행복 모두를 얻은 성공학의 대가'들이 대부분이다. 이 밖에도 하버드대 행복학 연구소 등이 총 망라되었다.

'소크라테스보다도 더 멋진 최고의 질문을 던졌다'라고 평가받고, 김대중 대통령의 지성사적 동지였던 피터 드러커의 성공비법이 담긴《피터 드러커 플래너: 365일 수첩》도 다루고 있다.

데일 카네기의 행복한 부자 프로그램과 성경 다음으로 많이 팔린 베스트셀러로 평가받는 카네기 & 힐의《놓치고 싶지않은 나의 꿈 나의 인생》에 수록되어 있는 '부와 행복으로 이끄는 성공의 비법 노트'도 담고 있다. 빌 게이츠는 "나폴레온 힐의 인생철학은 불확실한 삶을 돌파하는 아주 유용한 도구다"라 극찬한 바 있다.

영국 런던대와 독일 건강연구소가 개발한 66일 성공 플랜과 서울대 건강연구소의 내 몸 개혁 6개월 프로그램 등 전 세계적으로 시도되었던 '부와 행복으로 가는 다양한 프로그램' 중에서 가장 성공적인 프로젝트를 선별하여 소개하고 있다.

그뿐만 아니라 다섯 차례나 죽을 고비를 넘기면서 대통령과 노벨 평화상 수상이라는 영예를 안은 김대중 대통령의 '절망에서 성공하는 비결'과 '행복한 부자가 되는 10계명' 역시 독자 여러분께 처음으로 소개한다. 이번에 출간하는 《특별한 1%의 행복한 부자 노트》가 김대중-이희호 대통령 부부 탄생 100주년을 맞아 특별히 추진하는 <텀블벅 크라우드펀딩 프로젝트>의 하나로 추진하기 때문에 비중 있게 소개하였다.

텀블벅 시리즈 1권 《시트릿 노트: 절망에서 성공하는 비결》은 5번의 죽을 고비를 넘기면서 대통령과 노벨 평화상 수상의 영예를 안은 김대중의 '절망 속에서 성공하는 10가지 비결'을 소개하고 있다.

텀블벅 시리즈 2권은 《김대중 잠언집: 배움》 전면 개정판으로서 '죽음과 같은 절망 속에서 희망과 성공의 비밀 열쇠'를 찾는 주옥같은 잠언을 담고 있다. 초판 발행 후 17쇄 4만부 판매된 베스트셀러이다.

해외와 국내의 석학들이 개발한 복합재난 위기극복 수칙을 발전적으로 체계화시킨 최성의 '스마트 위기관리 시스템 혁명 10대 수칙'도 여러분께 소개한다. 이 수칙은 비단 국가위기와 복합재난을 극복하는 데 유용할 뿐만 아니라 나와 우리 가족의 '행복한 부자가 되는 프로그램(Happy Rich Program)의 성격을 띄고 있다. 부록으로 가족과 함께 추진하는 <나의 행복한 부자 프로그램(HRP)>이라는 특별한 <시크릿 노트>를 담은 이유도 여기에 있다.

나는 <스마트 위기관리 시스템 10대 대응수칙>에 의거한 <행복한 부자 프로그램(Happy Rich Program: 이하 HRP)>을 자체 개발하여 최근

5년 동안 실행해 왔다. 《특별한 1%의 행복한 부자 노트》를 비롯한 《시크릿 노트: 절망에서 성공하는 비결》, 《김대중 잠언집: 배움》(전면개정판)의 출간도 나의 실천 프로그램의 일환이다.

특히 재선 고양시장을 지낸 이후 지극히 불공정한 공천배제 과정에서 발생한 '스트레스성 피부질환' 등을 얻게 된 이후 '행복한 부자가 되기 위한 몸과 마음의 건강 치유 프로그램' 또한 나름대로 실행에 옮겨왔다. 그 대표적인 방안이 영국의 런던대와 독일 연구소에서 제시한 '성공하는 66일 플랜'이었다.

HRP 프로그램의 실천 결과 80% 이상은 성공을 거두었지만, 개인적으로 가장 절망적인 순간에 얻었던 건강의 회복은 아직도 미완의 숙제로 남아 있고, 이 책의 출간을 계기로 2차 도전에 나설 예정이다. 특별한 1%의 행복한 부자들은 공통적으로 외친다. "당장 실천하라! 실패하더라도 실망하지 마라! 목표를 정하고 계속 도전하면 반드시 최종적인 성공에 도달할 것이다."

특히 《특별한 1%의 행복한 부자 노트》는 10단계의 과정을 거쳐 여러분을 행복한 부자로 인도할 것이다.

1단계: 당신을 행복한 부자로 이끄는 다양한 방법론 제시

2단계: 행복한 부자의 길 선택

3단계: 행복한 부자로 가는 확실한 10가지 법칙의 소개

4단계: 절망 속에서 행복한 부자가 되는 10가지 습관 실천

5단계: 행복한 부자가 되기 위한 10가지 단계 소개

6단계: 특별한 1% 부자의 돈 관리 시스템 실천

7단계: 1% 최고의 부잣집에서 찾은 행복한 집의 비밀

8단계: 행복한 부자의 건강 관리 비법

9단계: 스마트 위기관리 시스템 10대 대응 수칙

10단계: 행복한 부자 프로그램(Happy Rich Program)의 실천

내가 이 책에서 멘토로 삼은 피터 드러커와 데일 카네기, 나폴레온 힐 그리고 김대중 대통령을 비롯한 《특별한 1%의 행복한 부자 노트》에 적힌 공통된 가르침이었다. 독자 여러분도 이 책이 여러분의 새로운 제2의 인생을 여는 데 있어 '새로운 습관혁명과 시스템 혁명'을 통해 '여러분만의 행복한 부자 인생'을 멋지게 열 수 있기를 희망한다.

끝으로 《특별한 1%의 행복한 부자 노트》는 포스트 코로나 시대, 코로나와의 전쟁 속에서 더욱더 큰 장애물을 만난 이 땅의 MZ세대를 중심으로 한 소위 '코로나 세대'에게도 절망 속에서 희망을 찾는 시크릿 노트가 되기를 간절히 희망한다. 그 일원에 속하는 나의 사랑하는 아들과 딸에게도 '아빠가 미리 준 유언장'처럼 비록 물려줄 재산은 없지만, 아빠가 육십 평생을 살아오는 과정에서 얻은 지혜를 <시크릿 노트> 삼아 물려주고자 한다. 이 책이 출간되기까지 정말 물심양면으로 도와준 사랑하는 아내 은숙에게도 표현할 수 없는 사랑의 마음을 전한다.

텀블벅 크라우드펀딩 프로젝트의 프로젝트 매니저(PM)인 문대열 이사와 그래픽웨일의 이승현 실장의 헌신적 열정에 깊은 감사의 마음을 전한다.

2023년 4월

최 성

《특별한 1%의 행복한 부자 노트》 효과 및 활용법

나와 우리 가족에게 있어 삶의 목표는 무엇인가?
부자가 되는 것인가? 진짜 부자는 어떤 사람일까?
진정으로 행복한 부자의 길은 어떻게 찾을 것인가?

《특별한 1%의 행복한 부자 노트》는 이러한 질문과 관련하여 이 분야의 대가들로부터 삶의 지혜를 배워 실전에 활용하고자 한다. 보다 구체적으로 '행복한 부자 프로그램'을 즉시 실천할 수 있는 가이드라인을 얻고자 출발하였다.

피터 드러커, 데일 카네기, 나폴레온 힐과 영국 런던대와 독일 건강연구소의 66일 성공 플랜, 서울대 건강 연구소의 내 몸 개혁 6개월 프로그램, 김대중의 '절망에서 성공하는 비결'과 '행복한 부자 10계명' 그리고 최성의 '스마트 위기관리 시스템 혁명' 10대 수칙의 일상적 적용 등과 같은 다양한 행복한 부자 프로그램을 구체적으로 제시하고 있다.

이상의 다양한 방법론 중에서 자신에게 맞는 '행복한 부자 프로그램'을 선택해서 당면하고 있는 자신과 가족의 최대 위기를 극복하는 과정에 큰 효과를 볼 수 있다. 가족과 함께하는 공동 실천 프로그램이라 할 수 있다. 행복한 부자가 되기 위한 목표와 실천전략 그리고 구체적 방법 등 다양한 실전 테스트가 소개되고 있다. 최종적으로 나와 가족이 함께 공동 작성하고, 중간 점검하고 궁극적인 목표를 실천할 수 있는 프로그램이다.

독일의 사업가이자 작가인 마티아스 헤클러는 자신의 성공 경험을 널리 나누기 위해 《100일 챌린지 플래너(Success Journal)》를 개발하여 출간, 베스트셀러로 올라섰다. 그의 플래너 활용법은 《특별한 1%의 행복한 부자 노트》를 실전에 활용하는 데 큰 도움을 줄 것으로 판단하여 보완해서 작성한 것이다.

1. 기록을 할 때는 일정한 시간을 정하여 작성한다.
2. 이루고 싶은 목표를 구체적으로 작성한다.
3. 목표 달성에 도움 되는 실천전략을 수립한다.
4. 집중해야 할 대상을 명료히 설정한다.
5. 나와 우리 가족의 인생 비전을 새롭게 설정한다.
6. 나의 목표에 도움이 될 '결정적 질문'을 만든다.
7. 나의 인생에서 중요한 '핵심 가치'를 정의한다.
8. 부정적 생각을 긍정적 마인드로 바꾼다.
9. 오랜 습관을 버리고 새로운 습관을 실천한다.
10. 계속해서 질문하고 나의 생각, 느낌, 행동을 최대한 활용한다.

마티아스 해클러, 《100일 챌린지 플래너》

대체로 10개 항의 질문 형태로 된 체크리스트는 각자가 평가의 기준으로 점수 혹은 학점 등으로 주관적 평가를 하면 된다. 자신의 상태가 어느 정도 수준인지, 무엇을 극복할 것인지에 대한 정확한 인식과 그에 따른 대응을 하기 위한 목적이기 때문이다. 10개 항이 아닌 경우는 스스로 평가 기준을 만들면 될 것이다.

다른 사람을 관리하는 것보다
중요한 건 자기 자신을 관리할 줄 아는 능력이다.
보물은 당신 안에 잠들어 있다.
그 보물을 손에 넣을 수 있는지는 당신에게 달려있다.

-《드러커 피드백 수첩》 중에서

STEP 1

당신을 행복한 부자로 이끄는 방법

피터 드러커의
'행복한 부자가 되기 위한 최고의 질문'

《하프타임》의 저자인 밥 버포드는 "아무도, 심지어 소크라테스도 피터 드러커보다 나은 질문을 던지지 않았다"라고 말한 바 있다. 드러커는 무엇보다 '질문'의 중요성을 늘 역설했다. 세계 최고 리더들의 인생을 바꾼 그가 던진 최고의 질문은 《특별한 1%의 행복한 부자 노트》에 비밀스럽게 적힌 성공 노트와 직결되어 있었다.

피터 드러커가 던진 <자가진단 프로세스>에 따른 최고의 질문은 다음과 같은 다섯 가지였다.

질문1: 우리의 사명은 무엇인가?
<미션> 왜, 무엇을 위해 존재하는가?

질문2: 우리의 고객은 누구인가?
<고객> 반드시 만족시켜야 할 대상은 누구인가?

질문3: 고객이 가치있게 여기는 것은 무엇인가?
<고객가치> 그들은 무엇을 가치 있게 생각하는가?

질문4: 우리의 결과는 무엇인가?
<결과> 어떤 결과가 필요하며, 그것은 무엇을 의미하는가?

질문5: 우리의 계획은 무엇인가?
<계획> 앞으로 무엇을 어떻게 할 것인가?

이러한 피터 드러커의 질문이 갖는 의미는 <피터 드러커의 플래너> 형태로 즉각 실천에 옮겨졌기 때문이다. 피터 드러커와 조지프 마셔리엘로가 함께 지은《피터 드러커 플래너》(2005)가 바로 그것이다.

현대 경영학의 창시자 피터 드러커는 자기계발의 왕이었다. 그는 초등학생 때 자신만의 자기계발법을 고안해 평생을 실천했다. 바로 '피드백 분석'이다. 피드백 분석의 원형은 그가 4학년 때의 담임 선생님 엘자와 함께 쓴 '엘자식 노트'다.

피터 드러커의 '엘자식 노트'를 쓰는 방법은 다음과 같다.

- **드러커가 노트에 그 주에 이룬 성과를 적고 다음 주에 달성할 목표를 써서 제출한다. 엘자 선생님은 드러커가 지난주에 세웠던 목표와 그 주에 실제로 달성한 성과를 비교한다.**

- **그런 다음, 드러커가 특별히 잘해 낸 일을 격려하는 코멘트를 쓰고, 다음 주의 기대 사항을 노트에 적어 드러커에게 돌려준다. 하루 피드백 365일이 모이면 '일 년 피드백'을 하며 한 해를 돌아본다. 일 년 피드백은 먼저 목표 4칸을 채우고 시작한다.**

하루 10분, 단 4칸의 메모로 충분하다.
작은 반복이 만드는 인생 최고의 변화라고 평가하였다.

피터 드러커가 2011년에 지은《피터 드러커의 다섯 가지 경영 원칙 자가평가 워크북》은 세계 최고를 지향하는 기업과 비영리단체의 절대 지침서로 평가받고 있다. 드러커가 던진 최고의 질문을 '행복한 부자의 꿈'을 실천하기 위해 우리 자신에게 던져보자.

피터 드러커의 최고의 질문 :
행복한 부자가 되기 위한 5가지 질문

만약 피터 드러커가 생존해 있어서 '행복한 부자의 꿈을 이루고자 하는 자가 진단'의 여정을 함께 한다면, 틀림없이 자신이 개발한 다음과 같은 5가지 질문을 던질 것이 분명해 보인다.

1. 미션은 무엇인가? - 왜 무엇을 위해 존재하는가

1) 우리는 무엇을 달성하고자 하는가? (행복한 부자의 목적)

____

____

2) 우리가 처한 내부 또는 외부의 도전, 기회, 이슈는 무엇인가?

____

____

3) 우리의 미션을 재검토할 필요가 있는가? (목표의 재점검)

____

____

2. 고객은 누구인가? - 반드시 만족시켜야 할 대상은 누구인가

1) 우리의 고객은 누구인가?

---

2) 우리의 고객은 변화했는가?

---

3) 추가하거나 삭제해야 할 고객은 없는가?

---

3. 고객가치는 무엇인가? -그들은 무엇을 가치 있게 생각하는가

---

4. 결과는 무엇인가? - 어떤 결과가 필요하며, 그것은 무엇을 의미하는가

1) 우리는 조직의 결과를 어떻게 정의하는가?

2) 그런 결과를 어느 정도까지 달성했는가?

3) 우리는 자원을 얼마나 잘 활용하고 있는가? (인적·물적 자원)

4) 조직의 결과를 달성하는데 어떤 문제점과 돌발변수가 발생했는가?

5. 계획은 무엇인가? - 앞으로 무엇을 어떻게 할 것인가?

1) 우리는 무엇을 배웠으며, 무엇을 개선해야 하는가?

2) 우리의 노력은 어디에 초점을 맞춰야 하는가?

3) 우리는 무엇을 다르게 해야 하는가?

4) 결과 달성을 위한 우리의 계획은 무엇인가?

5) 결과를 달성하기 위한 나의 계획은 무엇인가?

드러커 플래너: 성공 비결이 담긴 비밀 노트

피터 드러커는 특별히 강조한다.

"다른 사람을 관리하는 것보다
중요한 건 자기 자신을 관리할 줄 아는 능력이다
보물은 당신 안에 잠들어 있다.
그 보물을 자신의 손에 넣을 수 있는지는 당신에게 달려있다."

피터 드러커, 《드러커 피드백 수첩》

《피터 드러커 플래너》는 자기경영을 통해 조직의 발전을 꿈꾸는 사람들에게 최상의 도구가 될 수 있는 성공비법이 담긴 비밀 노트이다. 여기에도 행복한 부자가 될 수 있는 시크릿 노트가 담겨 있다.

1. 목표달성 능력의 습득 방법
2. 자신의 시간을 관리하는 방법
3. 공헌할 목표에 초점을 맞추는 방법
4. 강점을 활용하는 방법

TIP

'행복한 부자의 꿈'이든 아니면 자신의 다른 구체적인 목표를 설정하고 그에 따른 <시간관리>, <자기계발>, <강점 활용> 등의 자기 경영 플랜을 직접 작성해 보고 실천에 옮겨 보자.

드러커의 자기경영을 통한 성공비법이 담긴 비밀 노트

(1) 목표 설정

---

(2) 자기 시간 관리

---

(3) 공헌할 목표에 초점 (결과, 가치, 인재육성, 자기계발 등)

---

(4) 강점 활용

나는 누구인가? SWOT 분석

피터 드러커의 최고의 질문에 자문자답하고, 자기진단 프로세스를 통해서 '나 자신을 관리할 줄 아는 능력'을 키우는 작업은 매우 중요하다. 특히 '행복한 부자의 꿈'을 이루는 프로그램에 있어서 가장 중요한 출발점은 오늘의 "내"가 처한 상황에 대한 객관적인 분석이다.

SWOT 분석은 기업이나 조직이 내부환경과 외부환경을 분석하며, 사업의 방향을 바로 잡고 대처하기 위해 쓰이는 분석 방법이다. 일반적으로 SWOT 분석의 장점은 내부와 외부의 모습을 동시에 판단할 수 있어 장기적인 전략 수립에 유리하다는 평가이다. 하지만 개인적 목표를 실천하는 데도 매우 유용하다.

SWOT analysis(SWOT 모형)에서 SWOT는 강점(strength), 약점(weakness), 기회(opportunity), 위협(threat)의 머리글자다. 분석 결과를 가지고 전략을 도출하는데, SO는 강점을 가지고 기회를 살피는 전략, ST는 강점을 가지고 위협을 회피하거나 최소화하는 전략, WO는 약점을 보완하여 기회를 살리는 전략, WT는 약점을 보완하면서 동시에 위협을 회피하거나 최소화하는 전략을 수립하게 된다.

따라서 자신과 가족이 처한 여러 가지 상황에 대해서 <강점> <약점> <기회> <위협>의 요인을 구체적으로 작성하여, 자신이 처한 위기를 기회로 만드는 <행복한 부자 프로그램(HRP)>의 목표와 구체적인 실천전략을 수립해 보면 매우 성공적인 결과가 도출될 수 있을 것이다.

<오늘의 '내'가 처한 상황에 대한 SWOT 분석>

S(강점) 나의 강점과 경쟁력은?	W(약점) 내가 극복해야 할 약점은?
O(기회) 나에게 주어진 기회는?	**T(위협) 내 앞에 놓인 장애물과 위협요소는?**

< 작성시 유의사항 >

내 자신이 처한 현재 상황 속에서 미래의 목표(창업, 전직 등 새로운 목표)를 향해 여러 가지 여건(재정 상황 및 조직 등)을 종합적으로 SWOT 분석한다.

데일 카네기의 부자가 되는 6가지 방법

데일 카네기는 《부자가 되는 6가지 방법》이라는 저서를 통해 "부자보다는 행복한 사람이 돼라."라고 강조한다.

데일 카네기의 '부자가 되는 6가지 방법' 중에서 특이한 점은 경제 활동을 통해 돈을 버는 방법을 강조하는 것이 아니라 걱정과 근심에서 벗어나라고 역설한다. 데일 카네기의 부자가 되는 6가지 방법을 살펴보자.

1. 걱정에서 벗어나는 법

카네기는 걱정에서 벗어나는 가장 최우선의 방법으로 "오늘 하루를 충실히 살라"고 조언한다. 걱정을 해결하는 마법의 공식은 당면한 문제에만 집중하고 최악의 상황을 인정하라는 것이다. 카네기는 만병의 근원은 '걱정병' 즉 마음의 병이라는 것이다. "병이 아닌 걱정이 죽음에 이르게 한다"라고 충고한다.

"걱정과 싸우는 방법을 모르는 사람은 일찍 죽는다."
(노벨 의학상 수상자 알렉시스 카렐 박사)

"의사가 저지르는 최대의 실수는 먼저 환자의 마음을 치유하지 않고 육체를 고치려 하는 데 있다. 마음과 육체는 하나다. 그러므로 따로 다룰 것이 아니다." (플라톤)

2. 고민을 해결하는 법

카네기는 고민을 해결하는 방법으로 "고민의 원인을 파악하고 해결 방법을 찾으라"라면서 "문제에 직면하면 그것을 기록해보라"라고 조언한다. 기록과 메모의 중요성, 특별한 1% 부자의 공통된 습관이다.

3. 비평에 의연하게 대처하는 법

카네기는 '비난은 또 다른 의미의 찬사'라고 한다. 따라서 '비난에 일일이 신경 쓸 필요가 없고 자신을 변호할 필요도 없다. 자신의 일에만 최선을 다하라'고 단호히 이야기한다. 카네기는 실수에 담대해지는 법을 조언하면서 "실수를 기록한 노트를 만들라"라고 비결을 제시한다. 성공 노트를 작성하는 경우는 많이 봤지만, 실수 노트를 작성하라는 카네기의 조언은 의미심장해 보인다.

4. 항상 활기차게 사는 법

카네기는 "휴식으로 하루에 한 시간을 더 창조하라"라면서 "피로해지기 전에 휴식을 취하라. 적당한 휴식은 에너지를 충전해 준다"라고 한다. 평범한 진리이지만 가장 효과적인 방법이다.

카네기는 피로와 고민을 예방하는 4가지 업무 습관을 제시한다.

좋은 습관 1: 당면한 업무와 관련 없는 서류는 전부 정리한다

좋은 습관 2: 중요도에 따라 우선순위를 정해 처리한다

좋은 습관 3: 무슨 일이든지 즉시 해결한다

좋은 습관 4: 권한 위임, 지휘 감독, 조직화하는 방법을 배운다

5. 인생을 즐겁게 사는 법

카네기의 인생을 즐겁게 사는 법은 쉽고도 간단명료하다. "바쁘게 살면 고민할 겨를이 없다"라면서 "깊은 고통의 원인인 걱정병 처방을 위해 자신을 잊을 정도로 열심히 살라"고 결론짓는다.

6. 참다운 행복을 얻는 법

카네기는 참다운 행복을 얻는 방법으로 다음과 같은 조언을 한다.

- **원수를 사랑하고 축복하라.**
- **용서는 행운을 부른다.**
- **싫은 사람 생각에 단 1분도 허비하지 말라.**
- **스스로를 세상에서 가장 귀한 존재로 여겨라.**
- **인생의 오케스트라에서 자신만의 악기를 연주하라.**

데일 카네기, 《부자가 되는 6가지 방법》

TIP

카네기 다운 명언이지만, "원수를 사랑하고 축복하라"는 조언은 일상에서 참 지키기 힘든 길이다. 그래서 특별한 1%의 행복한 부자에 속하지 못하는 것 아닌가?
카네기가 추천한 '부자가 되는 방법'을 나의 일상에서 실행에 옮겨 보자.

실천 프로그램

카네기의 부자가 되는 방법 실행

1. 걱정에서 벗어나고 고민을 해결하는 법

2. 비평에 의연하게 대처하는 법

3. 인생을 즐겁고 활기차게 사는 법

4. 참다운 행복을 얻는 법(특히 원수를 사랑하고 축복하라)

카네기의 '부와 성공의 문으로 들어서게 하는 성공철학'

나폴레온 힐은 당대 최고의 부자인 앤드류 카네기를 인터뷰하러 갔다가 "20년 동안 세계적인 부호들의 성공 비결을 연구할 수 있겠소? 아무런 보수도 받지 않고 말이오!"라는 제의를 받은 이후 망설임 없이 수용하고 20년 동안 성공과 부를 이룬 인물들의 성공 원리를 연구하였다. 그리고 다음과 같은 성공의 메시지를 우리에게 던져주었다.

생각에 따라 삶이 달라진다. 지금 서 있는 바로 그곳에서 출발하여 자신의 주인이 되어라. 지금 당장 시작하라!

우리의 가슴이 열망하는 모든 것을 가져다 줄 수 있는 '또 다른 자아'가 있다는 것을 인정하고 기꺼이 받아들이자.

아무리 실력이 있는 사람이라도 완전한 계획이 없으면 성공하기 어렵다. 당신의 실패 원인은 다만 계획이 서툴렀다는 데 있을 뿐이다. 그러므로 새로운 계획을 다시 세워 재도전하면 된다.

당신을 성공에 이르게 하는 것은 완벽한 계획뿐이다.

나폴레온 힐, 《놓치고 싶지 않은 나의 꿈 나의 인생 1》

빌 게이츠는 "나폴레온 힐의 인생철학은 불확실한 삶을 돌파하는 아주 유용한 도구다"라고 극찬한 바 있다. 성경 다음으로 많이 팔린 베스트셀러로서, 지금까지 전세계적으로 7천만부가 판매되었다. 그 대표적인 작품이 바로 나폴레온 힐 《놓치고 싶지 않은 나의 꿈 나의 인생 1,2,3》 (Think and Grow Rich) (2021)이다.

나폴레온 힐은 《생각하라! 그러면 부자가 되리라》는 저서를 통해 앤드류 카네기, 토머스 에디슨, 월터 크라이슬러 등 굵직한 세계 최대 거부들의 경험에서 추출한 성공법칙을 밝혀내고 있다. '성공의 열쇠'를 알아내고자 평생 세계 제일의 성공인과 거부들의 행동을 연구한 끝에 그 비밀스러운 성공법칙을 알아낸 사람이 바로 성공철학이라는 독특한 분야를 일구어낸 나폴레온 힐이다.

힐은 1960년에는 성공을 위한 실천 프로그램 PMA(Positive Mental Attitude)를 완성하여 보급한 바 있다. 그 후 1970년 88세의 일기로 생을 마친 후에는 나폴레온 힐 재단에서 성공철학과 실천 프로그램을 보급하고 있다.

나폴레온 힐은 《부자가 되는 15가지 실천방법》(2007.10)을 집필하였는데, 이는 미국 루스벨트 대통령의 고문관을 역임했던 저자가 성공의 실제적 지침을 소개한 저서이다.

《놓치고 싶지 않은 나의 꿈 나의 인생 3》은 나폴레온 힐의 '성공의 열일곱 가지 원칙'을 철강왕 앤드류 카네기가 옆에서 설명해주는 것처럼 생생한 느낌이 들도록 문답식 대화 형식으로 서술한 책이다. 은퇴 이후의 삶을 위해, 새집을 위해, 새 자동차를 위해, 자녀 교육을 위해 어느 정도의 돈을 벌지 지금 당신은 결정해야 한다. 그래야 시작할 수 있다. 준비되었다면 이제 나폴레온 힐과 앤드류 카네기의 흥미로운 대화에 귀를 기울여 보자.

TIP

카네기의 '부와 성공으로 들어서게 하는 성공철학의 17가지 원칙'을 개인적으로 평가해 보고, 그중에서 본인에게 가장 중요하다고 생각하는 원칙을 중심으로 성공 노트를 작성해 보세요.

카네기의 성공한 인생을 위한 구체적인 행동법칙은 다음과 같다.

STEP1 소망: 모든 성공의 출발점

꿈꾸는 것만으로는 안된다. 진정으로 원하면 반드시 이루어진다.

STEP 2. 신념: 나를 움직이는 것

도전하는 인간이 성공한다.

STEP3. 자기암시: 잠재의식의 놀라운 힘

마음이 운명을 지배한다.

STEP4. 전문 지식: 개인의 경험과 관찰

STEP5. 상상력: 마음의 가능성

부는 상상력에서 출발한다.

아이디어는 성공을 품는 씨앗이다.

STEP6. 계획: 행동을 부르는 불타는 소망

계획을 조직화하라. 실패했다면 새로운 계획을 세우면 된다.

STEP7. 결단: 신속하고 단호한 결단

결단이 역사를 바꾼다.

STEP8. 인내: 신념을 기르기 위한 노력

인내력을 개발하라.

실패할 때까지 도전하고 인내하라.

STEP9. 협력자: 나를 돕는 유익한 벗

협력자의 협력을 구하라.

STEP10. 성: 창조적 에너지의 원천

성 충동을 행동 에너지로 전환해라.

성 에너지는 행동력의 원천이다.

STEP11. 잠재의식: 나를 움직이는 힘

잠재의식을 강화해라.

STEP12. 두뇌: 사고가 오가는 정류장

두뇌의 힘을 믿어라.

STEP13. 직감: 지혜의 사원으로 들어가는 문

상상 속의 멘토에게 배운다.

STEP14. 행동하기: 마음의 힘은 무한하다.

두려움의 망령을 제거하라. 공포는 불행으로 가는 길이다.

TIP

카네기의 성공한 인생을 위한 행동법칙 중에서 특별히 강조하는 점은 <잠재의식> <상상력> <성 에너지> <두뇌와 직감> 등 정신적인 측면이다. 나의 성공에 대한 확신과 자기 암시가 성공한 인생의 원천이라는 가르침이다.

황금률(The Golden Rule)의 이행, 성공 행동의 원칙

카네기의 성공 철학의 발전적 계승을 책임지게 된 나폴레온 힐은 황금률을 최고의 규범으로 제시하였다. 카네기와 힐이 제시한 <황금률의 이행, 즉 성공 행동의 원칙>은 무엇인가? 그들의 설명을 직접 들어보자.

"황금률의 이행은 '성공의 법칙' 중 최고봉이라고 할 수 있다. 예수, 플라톤, 소크라테스, 공자의 가르침과 철학에 대해 공부해보라. 4천 년이 넘는 세월 동안 인간은 황금률을 인간 행동의 규범으로 살아왔다. 황금률의 핵심은 입장 바꿔 생각하라는 것이다. 그래서 다른 사람이 당신에게 해주기를 바라는 것과 똑같이 다른 사람에게 하라는 명제가 성립하는 것이다.

우리는 '뿌린 대로 거둔다'는 영구한 법칙을 알고 있다. '뿌린 만큼 거두리라!'를 당신 삶의 지표로 삼아라. 누구나 다른 사람이 자신을 속이지 않기를 바란다. 그리고 자기 스스로 다른 사람을 속이지 않기를 바라는 날이 올 것이다. 그 후에는 모든 것이 순조로울 것이다."

결국 우리를 성공으로 이끄는 황금률, 즉 성공의 법칙은 입장을 바꿔 생각하라는 것이다. 내가 아내와 함께 오랫동안 참여하고 있는 "행복한 부부가 되기 위한 부부동반 프로그램"에서 배운 가르침과 너무도 흡사하다.

부부 혹은 가족 간에 카네기의 '부와 성공의 문으로 들어가게 하는 성공철학 17가지 원칙을 얼마나 실천하는지 <자가 체크>를 해보고 실행에 옮겨보자.

<나폴레온 힐의 성공철학 17가지 원칙>	Yes	No
1. 명확한 목표를 세워라.	☐	☐
2. 마스터 마인드 원리를 활용하라. (목표 달성을 위해 뜻을 같이하는 복수의 정신적 연합체)	☐	☐
3. 매력적인 성품을 개발하라.	☐	☐
4. 신념을 가져라.	☐	☐
5. 보상을 바라지 말고 일하라.	☐	☐
6. 계획적인 노력을 아끼지 마라.	☐	☐
7. 창조적인 상상력을 계발하라.	☐	☐
8. 자제력을 연마하라.	☐	☐
9. 조직적인 사고를 하라.	☐	☐
10. 실패를 통해 배워라.	☐	☐
11. 영감을 찾아라.	☐	☐
12. 집중력을 키워라.	☐	☐
13. 황금률을 적용하라. (남에게 대접 받고자 하는 대로 너희도 남을 대접하라)	☐	☐
14. 서로 협력하라.	☐	☐
15. 시간과 돈을 계획적으로 활용하라.	☐	☐
16. 건강을 지키는 습관을 길러라.	☐	☐
17. 신비한 습관의 힘을 체험하라.	☐	☐

실천 프로그램

부와 성공의 문으로 들어서게 하는 성공철학의 17가지 원칙

1. 명확한 목표를 세워라. (나의 목표는?)

____

____

2. 마스터 마인드 원리를 활용하라. (나의 마스터 마인드는?)

____

____

3. 매력적인 성품을 개발하라. (나의 매력적인 성품은?)

____

____

4. 신념을 가져라. (나의 신념은?)

____

____

5. 보상을 바라지 말고 일하라. (나의 보상을 바라지 않는 일은?)

6. 계획적인 노력을 아끼지 마라. (나의 구체적인 실천계획은?)

7. 창조적인 상상력을 계발하라. (나의 창조적인 상상력은?)

8. 자제력을 연마하라. (내가 가져야 할 자제력은?)

9. 조직적인 사고를 하라. (내가 강화해야 할 조직은?)

10. 실패를 통해 배워라. (나의 실패에서 얻은 교훈은?)

11. 영감을 찾아라. (나를 행복한 부자로 이끌 수 있는 영감은?)

12. 집중력을 키워라. (내가 집중해야 할 일은?)

13. 황금률을 적용하라. (나의 황금률은?)

14. 서로 협력하라. (내가 협력을 구할 대상은?)

15. 시간과 돈을 계획적으로 활용하라. (나의 시간과 돈을 활용할 계획은?)

16. 건강을 지키는 습관을 길러라.(나의 건강을 지키는 습관은?)

17. 신비한 습관의 힘을 체험하라. (나의 신비한 습관의 힘은?)

MEMO

영국 런던대와 독일 건강연구소의 '66일 성공플랜'

영국 런던대학교의 심리학과에 재직중인 필리파 랠리(Phillippa Lally) 팀과 독일 건강연구소는 사람이 한 가지 행동을 습관으로 만드는 데 며칠이 필요한 지를 측정한 결과 평균 66일이라는 시간이 나왔다. 이러한 프로그램은 '원하는 나를 만드는 66일 프로그램'이라는 이름으로 다양한 형태로 추진되고 있다.

따라서 《특별한 1%의 행복한 부자 노트》 역시 '66일간의 좋은 습관'을 위한 변화플랜을 포함하여 '행복한 부자'가 되기 위한 통합적인 시스템 개혁을 위한 반복학습이 필요하다. 그리고 최종적으로 그동안 추진과정의 성과와 문제점을 피드백하면서 시스템을 정착시키는 365일 프로그램을 추진하고자 한다.

자브리나 하아제는 《원하는 나를 만드는 오직 66일》이라는 제목의 이 책에서 다음과 같은 사람이 꼭 필요하다고 적시했다.

"금연, 스마트폰 사용 줄이기, 술 적게 마시기, 스트레스 덜 받기, 건강한 식생활, 체중 조절, 운동 생활화하기 등 특정 행동이나 습관을 지속적으로 변화시키고자 하는 사람 그리고 계획한 것을 지키려는 결심이 적어도 한 번 이상 무너진 경험이 있는 사람 등이다"

여러분의 '원하는 나를 위한 66일간의 습관 혁명'을 실천하는 데 있어 당장 필요한 숙제는 무엇인가요?

66일 성공플랜의 중간 체크리스트

'행복한 부자 프로그램(HRP)'을 실천함에 있어서 66일의 성공플랜을 통한 중간 체크 과정은 중요하다. 과거의 내 모습에서 얼마나 변화했고, 현재 나는 어느 지점에 서 있는지 객관적으로 점검하는 과정이다. 《원하는 나를 만드는 오직 66일》의 저자는 21가지의 주간 점검 체크리스트를 제시하고 있다. 이 중에서 특별히 중요한 10가지를 골라보았다.

목표 달성을 위해 꼭 점검해야 할 10가지 중간 체크리스트	Yes	No
1. 내 목표를 알고 있는가	☐	☐
2. 나쁜 습관을 좋은 습관으로 대체했는가	☐	☐
3. 계획을 수행하는데 유리한 구조를 만드는데 성공했는가	☐	☐
4. 나의 사회적 관계가 주는 응원을 적극적으로 활용하는가	☐	☐
5. 스스로에게(혹은 가족에게) 적절한 보상을 했는가	☐	☐
6. 오늘의 성공기록을 통해 성찰하고 새 동기를 얻고 있는가	☐	☐
7. 나의 롤 모델의 경험으로부터 많은 것을 배웠는가	☐	☐
8. 매일매일 스트레스를 해소하는 트레이닝을 하고 있는가	☐	☐
9. 충분한 수면과 균형적 식사, 규칙적인 운동을 하고 있는가	☐	☐
10. 나는 진정한 나쁜 습관 브레이커이고, 나의 계획을 성공적으로 관찰하고 있는가	☐	☐

자브리나 하아제, 《원하는 나를 만드는 오직 66일》

<행복한 부자 프로그램>의 중간 체크리스트

1. 내 목표를 알고 있는가?

2. 나쁜 습관을 좋은 습관으로 대체했는가?

3. 나의 계획을 수행하는데 유리한 구조를 만드는데 성공했는가?

4. 나의 사회적 관계가 주는 응원을 적극적으로 활용하는가?

5. 스스로에게(혹은 가족에게) 적절한 보상을 했는가?

6. 오늘의 성공기록을 통해 과정을 성찰하고 새로운 동기를 얻고 있는가?

7. 나의 롤 모델로 삼은 사람의 경험으로부터 많은 것을 배웠는가?

8. 매일매일 스트레스를 해소하는 트레이닝을 하고 있는가?

9. 충분한 수면과 균형적인 식사, 그리고 규칙적인 운동을 하고 있는가?

10. 나는 진정한 나쁜 습관 브레이커이고, 나의 계획을 성공적으로 관찰하고 있는가?

오늘의 성공기록

아침(기적을 일구어내는 미라클 모닝)

- 내가 집중하고 있는 삶의 목표는 무엇인가?
- 오늘 내가 실천해야 할 가장 중요한 과제는 무엇인가?
- 건강한 삶을 위해 당장 해야 할 운동과 식생활 습관혁명은?

자기확신을 위한 긍정적인 메시지

____

____

____

나의 목표 달성을 위해 오늘 반드시 이런 일을 실천할 것이다.

____

____

____

저녁(하루를 마감하며 응원의 메시지)

오늘 세운 계획을 잘 실행했나요?

1.	예	중간	아니오
2.	예	중간	아니오
3.	예	중간	아니오

오늘 배운 것은 무엇인가요? 어떻게 개선해 나갈 것인가요?

____

____

____

<오늘의 시크릿 노트> 꼭 잊지 말아야할 나를 위한 메모

____

____

____

* 《원하는 나를 만드는 오직 66일》 중에서 <오늘의 성공 기록> 188~189쪽을 수정·보완해서 만든 실천 프로그램이다.

나의 롤모델로부터 배우기

《원하는 나를 만드는 오직 66일》에서는 "나의 롤모델로부터 배우기"를 권장한다. 특별한 1%의 성공한 사람들 대부분도 자신들이 존경하고 따르고 싶은 저마다의 멘토가 있었다.

나의 롤 모델은 누구인가?

그리고 성공적인 목표달성을 위해 나의 롤모델이 가졌던 태도와 강점은 무엇인가? 스스로 작성해보자.

<나의 롤모델로부터 배우기>

나의 롤모델	성공적인 목표달성을 위해 나의 롤모델이 가졌던 강점

자브리나 하아제, 《원하는 나를 만드는 오직 66일》

서울대 건강관리연구소의 '내몸개혁을 위한 6개월의 프로젝트'

《내몸개혁 6개월 프로젝트》는 서울대 가정의학과 교수 유태우 박사의 신 건강학 '내몸개혁 6개월 프로그램'을 한 권으로 정리한 책이다. 서울대병원 건강증진센터에서 임상경험을 토대로 완성된 이 책은 기존의 약물 치료, 수술 등 표준화된 치료법을 제시하는 대신 개인의 특성과 신체 상태, 생활환경에 맞춘 '삶의 의학'이라는 메시지를 전하고 있으며, 의사의 도움을 받지 않고 '강하고 질병 없는 멋진 내몸 만들기'를 실천하는 방법들이 담겨 있다.

첫 달에는 내몸의 예민성을 지배하는 훈련, 금주 6개월, 그리고 운동을 시작한다. 둘째 달부터는 2개월에 걸쳐 금연을 성취하며, 3개월 후부터는 체중조절을 시작하는데 3개월 단위로 5kg씩 감량한다. 1개월 후부터는 증세만 고치는 약물, 즉 위장약·변비약·수면제·진통제 등을 줄이게 된다. 체중을 줄이는 4개월부터는 고혈압·고지혈증 ·당뇨약 등 만성질환에 대한 약물을 줄일 수 있게 된다.

저자는 제시된 방법 중 자신에게 맞는 것을 선택하라고 소개하면서 한 가지 방법에 실패하더라도 실망하지 말고 꾸준히 해나갈 것을 당부한다. 단 6개월 이상 걸리는 사람들은 대개 성공하지 못하기 때문에 한정된 시간 안에 실천할 것을 강조하고 있다.

TIP

서울대 건강관리연구소의 내몸개혁을 위한 6개월 프로젝트의 구체적인 실천 프로그램은 이 책의 76쪽과 부록에 수록되어 있다. 개인적 상황에 따라 시기는 반드시 6개월에 국한할 필요는 없다.

김대중의 '행복한 부자' 10계명

김대중 대통령은 5번이나 마주친 죽음의 공포에서 어떻게 생존하고 그 속에서 어떻게 당신의 행복과 가치를 찾아 나갔는가? 인간적 고뇌와 성찰, 절망에서 희망을 찾는 김대중 대통령의 시크릿 노트에 초점이 맞춰져 있었다.

'행복한 부자'를 정의하는 김대중 대통령의 시각은 독특하다.

"사람은 가난해지지도, 지나치게 부유해지지도 말 일이다. 우리는 가난해도 부유해도 다 같이 돈의 노예가 된다. 알맞게 갖고 자유인이 될 일이다."

그렇다면 젊은이들이 특히 관심 있는 '진정으로 성공한 사람'은 누구일까? 김대중 대통령은 나름의 성공철학을 이렇게 역설했다.

"어떤 사람은 부자가 되는 것을 성공이라 생각하고 어떤 사람은 유명해지는 것을 성공이라 여긴다. 부자가 되거나 유명해지는 것을 성공이라고 말한다면 이는 '이룬' 것, 즉 성취의 결과물로 성공 여부를 판단하는 것이다. 하지만 나의 성공관은 다르다. 나는 성취한 것의 부피와 무게로 성공을 재는 데에 찬성하지 않는다. 나는 바르게 사는 것이 곧 성공하는 삶이라고 생각한다."

이 과정에서 내가 새롭게 발견한 '김대중의 행복한 부자 10계명'이 있다.

<김대중의 행복한 부자 10계명>	Yes	No
1. 나만의 '행복한 부자' 철학을 세워라.	☐	☐
2. 실패를 두려워하지 마라.	☐	☐
3. 돈의 노예가 되지 마라.	☐	☐
4. 구체적 목표를 세워라.	☐	☐
5. 몸도 마음도 건강해라.	☐	☐
6. 행복한 집을 만들어라.	☐	☐
7. 한 우물을 파라.	☐	☐
8. 스마트 시스템으로 관리하라.	☐	☐
9. 빅데이터와 네트워크를 활용하라.	☐	☐
10. 신앙적 믿음 속에서 베풀고 나누어라.	☐	☐

최성, 《시크릿 노트: 절망에서 성공하는 비결》

TIP

김대중은 물질적 풍요로움보다는 '죽음 같은 절망에서 성공하는 비결'을 수시로 제시해 주었다. "돈"보다는 "행복"과 "진정한 성공"을 꿈꾸는 분들은 이 책 56~57쪽에서 직접 '행복한 부자 프로그램을 설계해 보시라.

김대중의 절망에서 성공하는 10가지 비결

김대중은 '무엇이 될지보다 어떻게 살 것인지 먼저 생각'하는 삶의 목표를 설정했다. 그리고 '가화만사성(家和萬事成)'과 '수신제가(修身齊家)'를 우선하며 다양한 형태로 '행동하는 양심'이 되는 구체적인 방법론을 제기했다. 더불어 절망 속에서 희망을 찾는 비결로 '서생적 문제의식'과 '상인적 현실감각', '실사구시', '화이부동'의 철학을 실천하며 보여주었다.

김대중 절망에서 성공하는 10가지 비결	Yes	No
1. 무엇이 되느냐보다 어떻게 살 것인가를 먼저 생각하라.	☐	☐
2. 가화만사성이고, 수신제가 치국평천하다.	☐	☐
3. 행동하는 양심이 되어라.	☐	☐
4. 서생적 문제의식과 상인적 현실감각을 가져라.	☐	☐
5. 10년 동안은 한 우물을 파라.	☐	☐
6. 매사에 실사구시 하라.	☐	☐
7. 나무도 보고 숲도 보아야 한다.	☐	☐
8. 화이부동(和而不同) 하라.	☐	☐
9. 사람 섬기기를 하늘같이 하라.	☐	☐
10. 길은 끝나는 곳에서 다시 시작한다.	☐	☐

최성, 《김대중 잠언집: 배움》

《특별한 1%의 행복한 부자 노트》가 다른 "부자학"이나 "성공학" 책과 근본적으로 다른 점은 단순히 '돈을 많이 벌기 위한 자산관리 비법'과 관련된 책이 아니라는 점이다. 다섯 차례나 죽을 고비를 넘기면서 결국은 대통령 당선과 노벨 평화상 수상을 한 김대중 대통령의 삶처럼 "무엇이 되느냐? 얼마나 버느냐"보다는 "어떻게 살 것인가?"에 대한 고민을 통해 진정으로 행복한 부자의 길을 스스로 찾는 길잡이의 역할을 할 것이라는 점이다.

그런 점에서 이 책의 56~57쪽에 있는 '김대중의 절망에서 성공하는 10가지 비결'을 나 자신이 처한 상황에서 실천 프로그램을 작동해 보실 것을 권유해 본다.

나아가 이 책의 58~63쪽으로 이어지는 '위기를 기회로 만드는' <최성의 스마트 위기관리 시스템 10대 대응 수칙>에 대해서도 직접 작성해 보고, 자신들의 행복한 부자 프로그램(HRP)을 설계해 보시라.

우리나라만이 아니라 세계의 모든 나라가 그렇듯이, 나 자신의 행복한 삶을 위해서는 개인적인 노력뿐만 아니라 나의 가정 그리고 내가 몸담은 회사나 공동체가 정의로운 발전이 되지 않고서는 반쪽의 성공밖에 될 수가 없다. 전쟁과 가난과 민주주의가 없는 나라에서 "행복한 부자의 꿈"을 이루기는 사실상 힘들다.

따라서 이 책에서 권장하는 '가족과 함께하는 행복한 부자 프로그램'(65-79)과 부록(268~283쪽)에서 실행에 옮겨 볼 것을 강력히 추천한다. 특히 개인과 가정 그리고 직장과 공동체간의 '스마트 시스템을 통한 행복한 부자 프로그램'을 개인적 상황에 맞게 계획해 보시라. 이것이 바로 이 책의 궁극적 출간 목적이기도 하다.

실천 프로그램

나는 김대중의 '절망에서 성공하는 10가지 비결'을 어떻게 실천할 것인가?

1. 무엇이 되느냐보다 어떻게 살 것인가를 먼저 생각하라.

____

____

2. 가화만사성이고, 수신제가 치국평천하다.

____

____

3. 행동하는 양심이 되어라.

____

____

4. 서생적 문제의식과 상인적 현실감각을 가져라.

____

____

5. 10년 동안은 한 우물을 파라.

____

____

6. 매사에 실사구시 하라.

7. 나무도 보고 숲도 보아야 한다.

8. 화이부동(和而不同) 하라.

9. 사람 섬기기를 하늘같이 하라.

10. 길은 끝나는 곳에서 다시 시작한다.

최성의 스마트 위기관리 시스템 10대 대응 수칙

크고 작은 위기가 발생했을 때는 골든 타임을 놓치지 않고 돌발 상황에 대비하면서 통합적 대응을 하는 것이 매우 중요하다. 현장 전문가의 의견을 경청하고 원칙을 지키되 실사구시적으로 유연하게 대처하는 것은 김대중 대통령의 위기관리 핵심 수칙이었다. 그리고 '분권화된 의사결정', '위기관리의 피드백 시스템', '첨단 시스템의 업그레이드' 역시 김대중의 '위기관리 핵심 수칙'이었다.

나의 두 번째 박사 논문인 <복합재난 및 국가위기 극복을 위한 스마트 위기관리시스템 10대 수칙>은 김대중 정부에서 경험한 IMF 외환위기와 북핵 위기를 비롯하여 메르스 등 각종 신종 감염병 및 복합재난 위기 등을 극복하는 과정에서 겪은 성과와 시행착오를 반영하였다.

내가 8년 동안 고양시장으로 재임하며 3천여 명의 공직자와 110만에 달하는 고양시민과 함께한 시정 운영 경험도 철저히 반영하였다. 이런 나의 위기관리 수칙은 '코로나19 바이러스와의 글로벌 전쟁을 이겨내기 위한 국가위기 극복 수칙'으로 활용되기도 했다.

당시 이낙연 국무총리는 전국 지자체 대상 화상 회의에서 "고양시의 스마트 위기관리 시스템 10대 수칙을 전국의 지자체로 확산하라"는 지시를 내려 고양시가 각종 위기관리의 모범 도시가 되었다.

나의 '스마트 위기관리 시스템' 10대 대응 수칙은 비단 국가적 위기만이 아니라 각종 공조직과 기업 그리고 개인적 차원에서도 크고 작은 복합위기를 오히려 기회로 삼아 시스템적인 위기극복을 하는 데 매우 유용한 방법론이 될 것이다. 그뿐만 아니라 우리 모두가 꿈꾸는 <행복한 부자 프로그램(HRP)>의 성공적 추진을 위해서도 매우 의미 있는 행동수칙이 될 것이라 확신한다.

'스마트 위기관리 시스템' 10대 수칙 체계화 과정

저자가 코로나19와의 글로벌 전쟁을 분석·평가하고 그 대책을 모색하는 과정에서 사용하고 있는 <스마트 위기관리 시스템 혁명 10대 수칙>은 오랜 기간 4단계를 거친 체크리스트이다.

(1) 재난안전 분야의 세계적 권위자인 Rae Zimmerman(1985)에 의해서 재난안전에 대한 기본수칙이 국제 학계에 발표되었고, 국내 학계의 최고 전문가인 김태윤 교수팀에 의해 한국적 실정에 맞는 '재난안전 10대 수칙'으로 발전되었다.

(2) 이를 토대로 저자가 고양시장 시절 고양시의 메르스 사태을 비롯한 신종 감염병 및 각종 복합재난에 대한 10대 수칙을 '스마트 국가위기관리시스템' 차원에서 새롭게 발전시켜 현장에서 검증작업을 수년 동안 거쳤다.

(3) 국제 학계 및 국내 지방자치단체에서 검증한 '스마트 국가위기관리 10대 수칙'을 박사학위논문으로 발전시켜 학계에 발표하였고, 뒤이어 《위기관리 시스템 혁명》이라는 저서의 출간을 통해 정부 및 관련 전문가의 치밀한 추가적 검증작업을 거쳤다.

(4) 최종적으로 코로나19 바이러스의 국제적 확산 과정에서 지방정부와 교육청, 민간 기업 및 시민사회단체를 대상으로 <코로나 위기극복>의 성과에 대한 글로벌 평가 작업을 진행하였다. 이상과 같은 10년이 넘는 학술적-정책적-현장 실전 훈련과정 등을 거쳐서 완성된 '스마트 위기관리시스템 10대 대응수칙'은 향후에도 신종 바이러스 및 복합 재난 대응 평가로 이어질 계획이다. 물론 개인과 조직에 있어 '위기를 기회로 만드는 중요한 시스템적 방법론'이 될 것이다.

최성의 스마트 위기관리 시스템 10대 대응수칙

스마트 위기관리시스템 10대 대응수칙	수행원칙의 세부 평가
골든타임 내 빅데이터를 활용한 적절한 초기 대응	- 골든타임 내 빅데이터를 활용한 적절한 초기 대응이 이루어졌는가? - 초기 대응 시 해당 위기 관련 빅데이터를 최대한 활용했는가? - 위기 발생 시 〈예방〉과 〈대비〉 단계에서 검토한 〈사전 예측과 평가〉에 따라 〈골든타임〉 내 적절한 대응이 이루어지고 있는가?
인력, 장비의 적합한 동원	- 위기 상황을 타개할 수 있는 적합한 장비가 동원되었는가? - 전문성을 갖춘 훈련된 인력이 현장 적재적소에 배치되었는가? - 현장 상황에 맞는 다양한 인공지능시스템이 충분히 동원되었는가?
스마트 위기관리 종합통제센터 운영	- 스마트 위기관리 종합통제센터가 적절히 설치·운영되었는가? - 위기 상황 판단에 필요한 종합적인 빅데이터를 제공하고 있는가? - 유관 기관, 민관 부문의 임무, 목표, 이해관계와 충돌은 없는가?
돌발 리스크 대비	- 위기의 특성을 이해하고 돌발 리스크를 우선적으로 고려하는가? - 공명심이 앞선 무리한 대응으로 인한 상황 악화의 위험은 없는가? - 돌발 리스크를 해결하기 위한 첨단 기술과 자원이 동원되었는가?
현장 책임 조직과 유관 기관의 전문적 과업 수행	- 현장 책임 조직과 유관 기관은 업무를 전문적으로 수행하고 있는가? - 지원 기관, 전문가, 자원봉사 조직은 효과적으로 공조하고 있는가? - 현장 상황에 맞는 빅데이터, 인공지능 전문가는 적극 활용되는가?
원활한 의사소통과 매스컴(SNS)의 공공성 활용	- 문제 해결을 위해 유관 기관들과의 수평적 의사소통 통로가 확보되었는가? - 언론매체(특히 SNS)를 통해 위기상황을 정확히 알리고 대처하는가? - 시민 참여형 소셜 네트워크를 통해 피해 확산 방지 노력을 하고 있는가?
현장 수칙과 규정 적용의 유연화	- 현장 상황에 맞게 현장 수칙과 규정이 유연하게 적용되었는가? - 4차 산업혁명의 성과를 반영한 스마트 시스템이 충분히 반영되었는가? - 중장기적 복구 대책과 종합적인 재발 방지 대책이 마련되었는가?
의사 결정의 전문화와 분권화	- 객관적인 빅데이터, 첨단화된 AI 기술 등에 따라 상황 판단을 하였는가? - 의사 결정이 현장 책임자 중심으로 전문화되고 분권적으로 되었는가? - 중앙과 현장 그리고 민간 차원의 협치 시스템이 효과적으로 작동되었는가?
위기 예방을 위한 사전 사후 활동	- 빅데이터와 시뮬레이션 분석으로 자원관리 등이 예방 관리되고 있는가? - 실전 교육과 첨단 훈련(3D 기반 가상체험 포함)이 지속해서 시행되는가? - 국가위기에 대한 <대응>과 <복구> 과정이 유사 위기의 재발 방지를 위한 <예방>과 <대비> 조처 준비로 연결되었는가?
통합적인 스마트 위기관리 대책	- 해당 위기에 대한 종합 대응(예방→대비→대응→복구) 전 과정에서 스마트 시스템이 제대로 작동되었는가? - 스마트 위기관리 시스템 정착을 위해 법, 조직, 운영, 정보화, 자원관리, 교육훈련 등 6대 핵심 체계에 대한 종합대책이 마련되었는가? - 위기의 극복 과정에서 '스마트' 발전전략의 수립을 위해 도움이 되는 빅데이터와 각종 정보가 공유되고 있었는가?

<스마트 위기관리시스템 혁명의 10대 수칙>	Yes	No
1. 골든 타임을 놓치지 마라.	☐	☐
2. 빅데이터를 적극적으로 활용하라.	☐	☐
3. 통합적 위기관리가 필수다.	☐	☐
4. 돌발 위기에 대비하라.	☐	☐
5. 현장 전문가가 중요하다.	☐	☐
6. SNS를 적극적으로 활용하라.	☐	☐
7. 원칙을 지키되, 유연하게 대응하라.	☐	☐
8. 분권화된 의사결정을 하라.	☐	☐
9. 위기관리의 피드백이 중요하다.	☐	☐
10. 스마트 시스템을 업그레이드하라.	☐	☐

* 최성, 「스마트 국가위기관시스템의 도입 및 정착방안」, 한양대 박사논문, 2019. 8, 44쪽
* 최성, 《위기관리 시스템 혁명》

TIP

개인이든 조직이든 국가이든지 간에 '위기를 기회로 역 활용하는 스마트 위기관리 시스템'의 핵심 수칙이기도 하다. 자신이 처한 종합적인 위기상황을 예측하고, 그에 대한 시스템적 대응책을 마련해 보자.

실천 프로그램

'위기를 기회로 만드는' 스마트 위기관리시스템 혁명의 10대 수칙

1. 골든 타임을 놓치지 마라.

2. 빅데이터를 적극적으로 활용하라.

3. 통합적 위기관리가 필수다.

4. 돌발 위기에 대비하라.

5. 현장 전문가가 중요하다.

6. SNS를 적극적으로 활용하라.

7. 원칙을 지키되, 유연하게 대응하라.

8. 분권화된 의사결정을 하라.

9. 위기관리의 피드백이 중요하다.

10. 스마트 시스템을 업그레이드하라.

"진짜 행복한 부자가 되기 위해 Having 노트를 써 보세요"

"진짜 부자는 오늘을 살죠. 매일 그날의 기쁨에 충실하니까요. 현재를 희생하지 말고 진정한 부자로 사세요. 그리고 Having 노트를 써보세요. 일기를 쓰듯 Having을 어떻게 했는지, 또 무엇을 느꼈는지 짧게 적으면 돼요"

이서윤-홍주연 《더 해빙》 중에서

ACTION PLAN

가족과 함께 하는 '행복한 부자 프로그램' (Happy Rich Program)

<특별한 1%의 행복한 부자 노트> 작성법

우선 《특별한 1%의 행복한 부자 노트》의 1단계인 <당신을 행복한 부자로 이끄는 방법>에서 제시하는 다양한 방법론 중에서 여러분의 가치와 목표에 맞는 롤 모델 방법을 선택해 보세요.

다음으로 이 책의 서문(16~17쪽)에서 제시하는 <행복한 부자 노트 활용법>을 참조해서 '행복한 부자 프로그램'을 가족과 함께 작성해 보세요. 그리고 최종적으로 부록에서 다시 한번 실행해 옮겨 보십시오.

<행복한 부자노트> 작성시 핵심 체크포인트

1. '행복한 부자'가 되기 위한 전략적 목표를 설정한다.
2. 나의 하루 일과, 한달 계획, 연간 플랜을 작성한다.
3. 실현가능 목표를 예산, 가용네트워크 등 구체적으로 작성한다.
4. 기존의 나쁜 습관과 새로운 뉴노멀 리스트를 작성한다.
5. 배우자 및 가족과 함께 공동으로 토론하며, 보완한다.
6. 나와 부부, 그리고 가족의 버킷리스트를 작성해본다.
7. 정기적으로 행복한 부자 프로그램(HRP)을 중간점검한다.
8. 스마트 시스템 10대 수칙에 따라 재평가한다.
9. 6개월, 연간계획으로 발전시킨다.
10. 행복한 부자 프로그램을 종합 평가하고 계획을 재수립한다.

가족과 함께 하는 '행복한 부자 프로그램'(HRP)

<스마트 위기관리 시스템> 10대 대응 수칙은 개인적으로 '행복한 부자'가 되는 데 있어서 어떤 의미가 있고, 어떻게 활용할 수 있는가?

우선 '행복한 부자'가 되기 위해서는 특별한 1%의 부자들이 공통적으로 제안한 것처럼

(1) 물질적 부와 육체적 건강 그리고 가정의 행복에 대한 통합적 관리

(2) 재정자립을 위한 포트폴리오

(3) 돌발 상황 등에 대한 시스템적 종합관리

(4) 가용할 수 있는 정보와 네트워크의 최대한 활용이 필요하다.

그런 점에서 <스마트 위기관리 시스템 10대 대응 수칙>은 개인과 조직, 그리고 기업과 정부 차원의 다양한 위기적 상황을 시스템적으로 극복하는 데 매우 효과적인 방법과 수단을 제공할 것이다.

<행복한 부자가 되기 위한 스마트 위기관리 시스템 대응수칙>	Yes	No
1. 부와 행복에 대한 나의 철학과 가치관을 설정하라.	☐	☐
2. 나에게 맞는 구체적 목표를 계획하고 당장 실천하라.	☐	☐
3. 행복한 부자가 되기 위한 습관에 도전하라.	☐	☐
4. 행복과 부의 통합적 관리가 필요하다.	☐	☐
5. 몸과 마음의 건강을 시스템적으로 관리하라.	☐	☐
6. '가족이 행복해지는 집'으로 만들라.	☐	☐
7. 재정자립을 위한 포트폴리오를 세워라.	☐	☐
8. 시스템적 시간관리와 인간관계가 필요하다.	☐	☐
9. 가용할 수 있는 정보와 네트워크를 최대한 활용하라.	☐	☐
10. 행복한 부자 프로그램과 시스템을 업그레이드하라.	☐	☐

실천 프로그램

'행복한 부자 프로그램(HRP)'의 5단계 전략

행복한 부자가 된 특별한 1%의 사람들은 대부분 '행복한 부자'의 목표를 명료히 설정하고, 비록 실패하더라도 구체적인 실천 전략을 수립하여 행동에 즉각 옮기는 도전적인 삶을 살아왔다. 이 과정에서 시행착오와 실패가 반복되면 주저없이 수정하면서 재도전하는 용기와 자기확신이 뚜렷한 사람들이었다.

자, 이제부터 우리도 '자기만의 행복한 부자가 되는 5단계 전략'을 함께 수립해보자.

(1) 목표 설정 - 행복한 부자란? 나는 어떤 행복한 부자?

'행복한 부자'에 대한 철학 및 가치관을 정립하고 자신의 핵심 목표를 분명히 정하자. 포스트 코로나 시대, 행복한 부자와 관련된 책을 읽고 빅데이터를 종합해 보자.

---

(2) 계획 수립 - 행복한 부자에 대한 구체적 목표 설정

행복한 부자가 되기 위한 단기 계획과 중·장기 계획(6개월~연간 계획)을 수립하자.

---

(3) 실천 전략 - 포트 폴리오 전략과 시간 및 인맥관리

자산을 시스템적으로 늘릴 수 있는 포트폴리오 전략을 수립하고 그에 따른 최고의 인맥관리와 시간관리가 꼭 필요하다.

---

(4) 행동 플랜 - 행복한 부자를 위한 습관혁명과 시스템 혁명

내 몸과 마음을 건강케 하는 <내 몸 개혁 프로그램>을 가동하고 행복한 부자가 되기 위한 습관 혁명과 시스템 혁명을 실천하자.

---

(5) 평가 및 목표 재수립

행복한 부자 프로그램의 중간평가를 통해 새로운 계획을 수립하고 시스템을 업그레이드 시켜야 한다.

'행복한 부자 프로그램'(HRP)
365일 연간 플랜

1. 일일 점검표 (평일/ 주말)

행복한 부자 프로그램은 일일 계획부터 시작해야 한다. 어릴 적 누구나 작성해 본 적이 있는 하루 일과표를 자신의 목표에 맞게 작성한다.

가능하면 부부와 가족 간에 함께 작성하면 더욱 좋다.

2. 주간 점검표

주간 단위로 자신의 주간 생활패턴이 과거의 타성을 벗어나서 새로운 뉴노멀에 적응하고 있는지를 점검하고, 자신의 프로그램을 보완해나간다. 주간 혹은 월간 단위로 10대 중간 체크리스트를 통해 점검할 필요가 있다.

3. 월간 점검표

포스트 코로나 시대, 행복한 부자가 되기 위해서는 많은 시간과 노력이 필요하다. 그만큼 시행착오는 당연하고, 오히려 기회가 될 수 있다. 월간 점검표를 통해 자신이 목표로 하는 '전략적 목표와 핵심적 실천'을 위한 중간 체크를 꼼꼼히 할 필요가 있다. 본 저서에는 중간 체크리스트 목록을 마련하였다.

4. 성공 플랜

행복한 부자 프로그램의 수행에 있어서 가장 중요한 단계이다. 워낙 다양한 형태로 새로운 변화가 필요한 만큼, 우리들의 목표는 단순명료해야 하고, 집중적이어야 한다. 자신이 처한 내외적 상황 속에서 가장 필요한 목표와 전략을 선택하여 일정 기간을 설정하여 집중적으로 개선할 필요가 있다. 의욕이 넘치는 분은 저자의 경우처럼 더 포괄적이고 다양한 목표를 설정해도 좋다. 다만 실수를 두려워할 필요가 없다. 수정해서 보완해 나가면 되기 때문이다.

5. 분기별~연간 점검표

일일 계획과 주간 계획 그리고 월간 계획을 통해 추진된 자신의 '행복한 부자'가 되기 위한 성공 플랜을 통해서 점검하면서, 더욱 장기적인 포스트 코로나 시대의 자신의 전략적 목표와 핵심과제를 도출해 보고, 새로운 도전을 창조적으로 실행에 옮긴다.

TIP

'행복한 부자 프로그램'의 핵심은 일일 계획부터 주간, 월간, 그리고 66일 성공플랜에서부터 6개월을 거쳐 365일 체계적으로 자신의 목표를 실천하는 것이다. 물론 중도에 작심삼일이 될 수도 있다. 중요한 것은 자신의 목표를 설정한 이후, 실패를 거듭하면서 <습관혁명>과 <시스템 혁명>을 실행에 옮겨 보라는 것이다.

최종적으로는 부록에서 <나만의 시크릿 노트: 행복한 부자 프로그램>을 가족과 함께 작성해 보면 놀라운 기적을 발견하게 될 것이다.

하루 생활계획표 (평일)

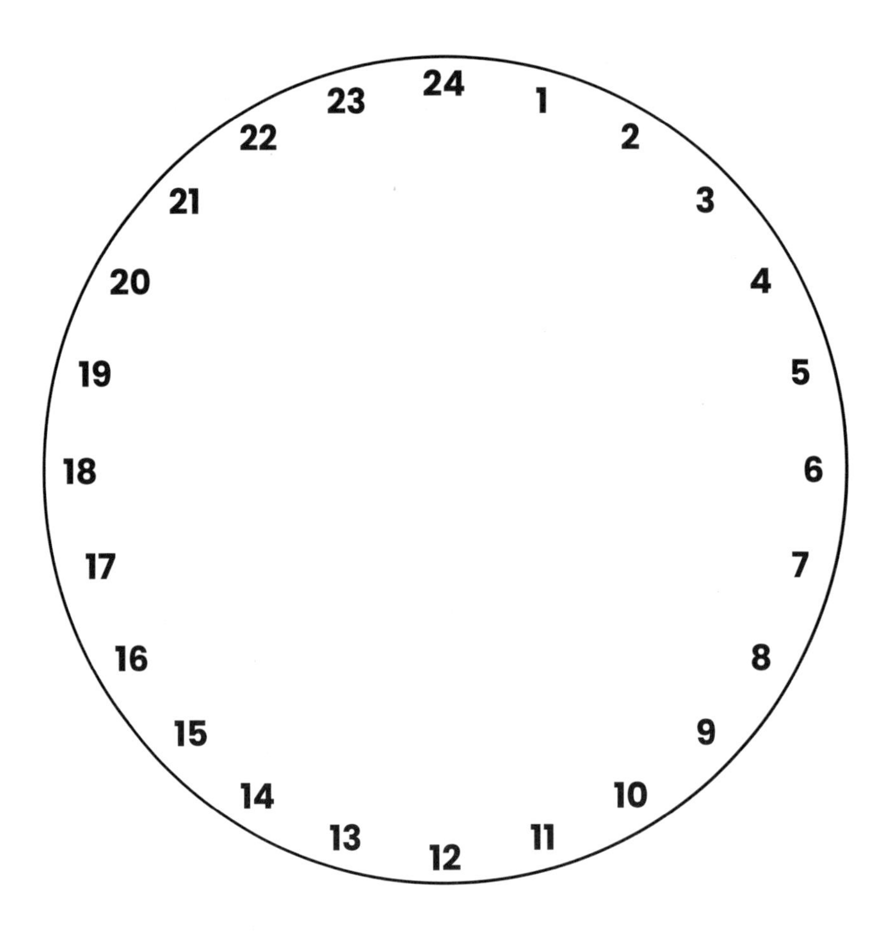

어릴 적 작성해 본 하루 생활계획표를 자신의 새로운 목표, 예를 들면 '행복한 부자 프로그램'에 맞는 시간계획표를 작성해 보면 어떨까요?

주말 일일 생활계획표(주말)

오전 (06~12시)	
오후 (12시~ 오후 6시) * 주간 평가	
저녁 (오후 6시~ 밤 12시)	

주간 플랜

핵심 목표:

주요 실천과제 (1)

(2)

(3)

실행자: 본인 / 배우자 / 가족 착수일: 년 월 일

	주요 실천계획	비고
월		
화		
수		
목		
금		
토		
일		

월간 플랜

핵심 목표:

주요 실천과제 (1)

(2)

(3)

실행자: 본인 / 배우자 / 가족 착수일: 년 월 일

월	화	수	목	금	토	일

66일의 성공 플랜

핵심 목표:

주요 실천과제 (1)

(2)

(3)

실행자: 본인 / 배우자 / 가족 착수일: 년 월 일

1	2	3	4	5	6	7
8	9	10	11	12	13	14
15	16	17	18	19	20	21
22	23	24	25	26	27	28
29	30	31	32	33	34	35
36	37	38	39	40	41	42
43	44	45	46	47	48	49
50	51	52	53	54	55	56
57	58	59	60	61	62	63
64	65	66	D+1	D+2	D+3	D+4

행복한 부자 프로그램(6개월)

핵심 목표:

주요 실천과제 (1)

(2)

(3)

실행자: 본인 / 배우자 / 가족 착수일: 년 월 일

1개월 (목표/세부계획)	
2개월 (66일 플랜)	
3개월 (분기별 평가)	
4개월	
5개월	
6개월 (종합평가 연간계획 재수립)	

'행복한 부자 프로그램' 연간 플랜 (1)

핵심 목표:

주요 실천과제 (1)

(2)

(3)

실행자: 본인 / 배우자 / 가족 착수일: 년 월 일

10대 행동수칙	1 개월	2 개월	3 개월	4 개월	5 개월	6 개월
1						
2						
3						
4						
5						
6						
7						
8						
9						
10						

'행복한 부자' 프로그램 연간 플랜 (2)

핵심 목표:

주요 실천과제 (1)

(2)

(3)

실행자: 본인 / 배우자 / 가족 착수일: 년 월 일

10대 행동수칙	7 개월	8 개월	9 개월	10 개월	11 개월	12 개월
1						
2						
3						
4						
5						
6						
7						
8						
9						
10						

"삶을 풍요롭게 하는 가장 중요한 비밀 세 가지는 바로 부, 사랑, 행복이다.
특히 모든 사람이 원하는 '부'는 '얼마나 벌었느냐가 부를 결정하는 것이 아니라,
번 돈으로 얼마나 잘 살 수 있느냐가 부를 결정한다"

- 아담 잭슨 《내가 만난 1%의 사람들》 중에서

2
단계

STEP 2

특별한 1%의 행복한 부자의 길

하버드대 행복학 강의를 통해 본 행복한 부자의 길	Yes	No
1. 나답게 살면 행복이 온다	☐	☐
2. 불완전한 사람이 행복하다	☐	☐
3. 나의 장점으로 행복을 경영하라	☐	☐
4. 행복한 사람은 명예와 부에 목매지 않는다	☐	☐
5. 스트레스를 내 편으로 만들라	☐	☐
6. 느리게 더 느리게	☐	☐
7. 나에게 맞는 하나의 목표에 집중하라	☐	☐
8. 실패를 두려워하면 실패한다	☐	☐
9. 사소한 행복이 진짜 행복이다	☐	☐
10. 진정한 행복의 정수, 나눔이다	☐	☐

장샤오헝, 《마음의 속도를 늦춰라》

< 시크릿 노트 >

'행복학'의 대가이자 세계적인 석학인 하버드대학의 장샤오형 교수는 '행복한 부자의 길'에 대해 강의하면서 놀랍게도 '불완전한 사람이 행복하다', '부정적 감정을 외면하지 말라', '스트레스를 내 편으로 만들어라'라고 강조한다. 이에 그치지 않고 '느리게 더 느리게' 살고 '실패를 두려워하면 실패한다'라고 가르치고 있다. 그동안 나의 행복을 가로막는 것으로 알고 있었던 '부정적 감정'과 '스트레스' 그리고 '실패'와 같은 불완전한 사람의 모습이 오히려 행복한 부자의 길로 인도하는 지혜임을 역설적으로 강조하고 있다. '특별한 1%의 행복한 부자의 길'은 나와 같이 불완전한 인간들이 오히려 쉽게 도달할 수 있는 비밀의 문이 따로 있는 것 같다.

행복한 부자가 되기 위해 지금 바로 실천해야 할 전략	Yes	No
1. 창의력을 깨워라	☐	☐
2. 넘어져도 다시 일어나라	☐	☐
3. 만약을 대비해 수중에 돈을 쥐고 있어라	☐	☐
4. 더 큰 성공을 위해 자신에게 투자하라	☐	☐
5. 주변 사람들에게 웃는 얼굴로 대하라	☐	☐
6. 나쁜 일에서 좋은 점을 찾아라	☐	☐
7. 문제를 따지지 말고 빠른 해결책을 찾아라	☐	☐
8. 일상에서 행복을 찾아라	☐	☐
9. 함부로 판단하고 단정 짓지 마라	☐	☐
10. 110퍼센트의 노력으로 최선을 다하라	☐	☐

딘 그라지오시, 《백만장자의 아주 작은 성공 습관》

< 시크릿 노트 >

행복한 부자가 되기 위해 당장 실천해야 할 전략으로 저자는 '창의력을 깨워서 자신에게 투자하라'고 강력히 권유한다. 그리고 '일상에서 행복을 찾아라'고 덧붙인다. 너무도 당연하고 손쉬운 실천 전략이다. 가능하다면 '필요한 만큼의 재정적 여유'가있으면 더욱 좋을 듯 싶다.

···› 나의 삶을 풍요롭게 하는 가장 중요한 가치는 무엇인가요?

진짜 부자가 되는 10가지 연금술	Yes	No
1. 잠재력을 깨우는 질문을 하라	☐	☐
2. 수익의 선순환 구조를 만들어라	☐	☐
3. 다양한 수입원을 확보하라	☐	☐
4. 항상 감사하게 배풀어라	☐	☐
5. 수익을 높이는 법을 배워라	☐	☐
6. 끊임없이 배우고 성장하라	☐	☐
7. 위험을 미리 계산하고 감수하라	☐	☐
8. 변화를 두려워하지 말고 즐겨라	☐	☐
9. 아이디어를 자주 이야기 하라	☐	☐
10. 길게 생각하고 미래를 설계하라	☐	☐

키스 캐머런 스미스, 《더 리치》

《더 리치》의 저자인 키스 캐머런 스미스는 세계 1%의 백만장자들의 부의 원칙을 배워 서른셋에 자수성가형 백만장자가 된 '머니 해커'로 평가받는다. 그는 스물다섯 살까지는 월급을 위해 일했을 뿐 부의 비밀을 깨닫지 못했다고 한다. 그러다 서른셋의 나이에 2년간 10만 달러를 투자해 전 세계 1%의 백만장자들을 직접 만나 부와 성공의 비결을 배웠고, 다음 세대에 유산으로 남길만한 부의 지혜를 얻었음을 확신했다.

< 시크릿 노트 >

위험을 미리 계산하고, 또 감수하는 것! 수익을 높이는 법을 배워서 다양한 수입원을 확보하여 수익의 선순환 구조를 만들어라! 특별한 1%의 부자들이 공통적으로 강조하는 내용이다. 수익의 선순환 구조를 만드는 시스템의 구축이 행복한 부자로 가는 첩경이라는 것이다. 당장 실천에 옮겨보자.

실천 프로그램

행복한 부자가 될 수 있는 '다양한 수입원의 선순환 구조'를 만들 수 있는 방법은?

1. 다양한 수입원의 확보 방법은?

____

____

2. 수익의 선순환 구조를 만들 수 있는 방법은?

____

____

3. 최종적인 목표는?

____

____

가장 만족스러운 부자가 되는 비결

《부자 마인드셋》의 저자 와틀스는 빈곤의 고통속에서 평생을 '부자가 되는 법칙'의 원리와 방법을 확립하기 위해 혼신의 힘을 다하다가 만년에 이르러 스스로 발견한 '확실한 법칙'을 찾아냈다.

그가 세상을 떠나기 직전인 1910년에 집필된 마지막 작품이자 대표작이 바로 《부자 마인드셋》이다. 이 책은 전 세계적으로 천만 부가 넘게 팔린 자기계발서이자, 성공한 사람들에게만 비밀스럽게 전해진 신비한 베스트셀러로 평가받고 있다.

와틀스는 독자들에게 이렇게 묻고, 스스로 답하고 있다.

"만약 당신에게 가장 적합한 일에 종사한다면,
당신은 가장 쉽게 부자가 될 것이다.
그러나 만약 당신이 하고 싶은 일에 종사한다면
가장 만족스러운 부자가 될 것이다"

그렇다면 지금의 나에게 가장 적합한 일은 무엇이고,
내가 가장 하고 싶은 일은 어떤 것인가?
그리고 '나'라는 사람은 어떤 사람인가?

스스로에게 묻고 스스로가 '내 안의 또다른 나'를 찾아 보자

실천 프로그램

1. '나'라는 사람은 어떤 사람인가?

2. 나에게 가장 적합한 일은?

3. 내가 가장 하고 싶은 일은?

4. 내가 당장 결단할 일은?

5. 내가 반드시 도달하고자 하는 인생의 목표는?

부자의 비밀 노트: 멘탈의 연금술

보도 섀퍼의 《멘탈의 연금술》에는 스물여섯 살 파산자였던 저자가 서른 살 백만장자로 바뀌어 전 세계 부자들의 멘탈 코치로서의 '성공 비밀' 61가지가 담겨 있다.

보도 섀퍼는 "세상에서 가장 성공한 사람도, 가장 부자인 사람도
처음에는 두려움에 덜덜 떨던 사람이었다!"라고 한다.

5번 죽을 고비를 넘긴 김대중 대통령도 몹시 겁이 많은 사람이었다. 하지만 가야 할 길이고, 옳은 길에 참고 행동했다. 겁이 없어서 행동한 것이 아니라 행동해야 하기에 겁이 없어졌다고 한다.

보도 섀퍼는 지난 10년 동안 전 세계 내로라하는 성공한 인물들과 깊이 교류하면서 마침내 알게 되었다고 한다. '절망 속에서 성공하는 사람들의 공통된 비결'이 바로 모두 멘탈의 연금술사였다는 것을.

그러면서 이렇게 당부한다.

멘탈의 연금술사들은 시련을 견디고, 기회가 올 때까지 버티며, 실패에서 배우고, 끝까지 해내며, 마침내 누구도 넘볼 수 없는 성취를 손에 넣는다고 말한다.

세상이라는 무대에서 사라지지 마라. 버텨라. 그러면 당신을 알아보는 사람을 기어이 만나게 될 것이다.

원하는 것을 얻으려면 평범하게 원해서는 안 된다. 간절하게 원해야 한다. 목숨을 걸어 원해야 한다. 그렇지 않으면 삶은 취미의 수준으로 전락한다.

우리는 모두 죽는다는 것을 기억하라. 그러면 삶은 충만해질 것이다. 비로소 제대로 살기 시작할 것이다. 어떤 것도 포기하지 않고, 두려워하지 않고, 문제와 난관을 돌파해 나가는 삶이 시작될 것이다.

과감하게 시작하라. 이를 통해 끝을 보라.
모든 성공은 끝을 보고 난 후에 비로소 시작된다.

결론적으로 보도 섀퍼는 멘탈 붕괴를 불러오는 나약함을 벗어나 당당하고 강력한 삶을 살고 싶다면 다음 3가지에 집중해야 한다고 강조한다.

첫째, 버텨야 한다.
둘째, 두려움의 용을 쓰러뜨려야 한다.
셋째, 문제를 정면 돌파해야 한다.

보도 섀퍼, 《멘탈의 연금술》

TIP

스물여섯 살에 파산자였던 보도 섀퍼가 서른 살에 백만장자로 되었던 것은 바로 자신이 《멘탈의 연금술》에서 강조한 것처럼, <버텨라> <두려움을 극복하라> 그리고 <문제를 정면 돌파하라> 였다. 여러분 마음속의 두려움과 그 문제를 해결하기 위한 정면 돌파의 해법을 다음 페이지에서 스스로 찾아보시라.

실천 프로그램

멘탈 붕괴를 불러오는 나약함을 벗어나서 행복한 부자의 길을 갈 수 있는 나의 실천방안은?

첫째, 버텨야 한다. (무엇을 어떻게 버틸 것인가?)

____

____

____

둘째, 두려움의 용을 쓰러뜨려야 한다. (어떤 두려움을 어떻게 극복할 것인가?)

____

____

____

셋째, 문제를 정면돌파해야 한다. (어떤 문제를 어떻게 정면 돌파할 것인가?)

____

____

____

넷째, '행복한 부자'가 될 수 있는 나만의 목표는?

다섯째, 지금 당장 나에게 가장 필요한 실천 방안은?

여섯째, '나만의 행복한 부자 프로그램(HRP)'의 당면 과제는?

돈이 얼마나 있다면 행복할까요?

나 스스로 매우 궁금했던 사항이다. 그리고 아내에게 물어보기도 했다. 2011년에 방송된 KBS 다큐멘터리 <행복해지는 법>에서 '돈이 얼마나 있다면 행복한가'라는 질문에 시민들은 평균 21억 원을 선택했다고 한다. 이는 당시에 상위 1%가 가진 재산에 해당하는 금액이었다고 합니다.

정말 돈이 많으면 행복할까요?
어떤 사람이 진짜 행복한 부자일까요?

"세상에는 3종류의 부자가 있다.

첫째, 재산이 많은 사람.
둘째, 명예와 권력이 있는 사람
마지막으로 마음이 부자인 사람이다."

나는 이 중에서 마음이 부자인 사람이 진짜 부자라는 생각이 든다. 돈이 억만금 있어도 건강하지 못하면 아무런 소용이 없다. 사랑하는 가족들과 하고 싶은 일을 하면서 근심 걱정 없이 사는 것이 진정한 행복이다.

⋯› 나의 삶을 풍요롭게 하는 가장 중요한 가치는 무엇인가요?
(부, 사랑, 행복, 명예, 건강, 권력, 그밖의 또다른 가치)

부자가 되는 세 가지 방법

"부자가 되는 방법은 세 가지밖에 없다. 상속을 받거나, 복권에 당첨되거나, 사업에 성공하는 것이다."

얼마나 벌어야 정말 부자인가?

"부는 상대적 비교다. 50억 원을 가졌든 100억 원을 가졌든 스스로를 상대 비교하면 여전히 부자가 아니라고 생각하는 것이 사람이다. 이런 사람은 아무리 벌어도 항상 가난하다. 수조 원의 재산을 가져도 빌 게이츠나 제프 베조스앞에 서면 초라하게 느낄 것이다. 스스로의 삶에 철학과 자존감을 가져야 비교하지 않을 수 있다. 따라서 부자란 금액에 따른 기준으로 잡을 수 없다. 부자는 더 이상 돈을 벌 필요가 없어진 사람이기 때문이다"

김승호, 《돈의 속성》

< 시크릿 노트 >

행복한 부자가 되는 길은 있는가? 상속을 받을 일도 없고, 로또 복권이 당첨될 일도 없다. 더욱이 사업에 성공하기도 힘들다. 그렇다면 부자되기는 불가능한 일인가? 결코 그렇지 않다. 행복한 부자는 자신의 삶에 철학과 자존감을 갖게 되면 그 누구앞에서도 당당할 수 있다. 돈과 권력의 노예가 되어 감옥에 있거나, 졸부가 되어 가족과 지인들의 웃음거리가 되는 가짜 부자보다 '행복한 진짜 부자'가 되는 것이다. 난 지금도 나 자신의 삶에 철학과 자존감을 가진 '행복한 진짜 부자'다.

대한민국 상위 1% 부자의 조건

대한민국 상위 1% 부자의 조건은 어떤가?

빚을 뺀 순자산이 적어도 33억 원은 있어야 '상위 1%' 부자 대열에 낄 수 있는 것으로 나타났다. 부동산 자산이 순자산의 80%를 차지할 정도로 상위 1% 대부분 '집 부자'였다. 2023년 3월 15일 통계청의 2022년 가계금융복지조사 마이크로데이터를 분석한 결과이다.

2023년 통계청의 조사결과에 따르면 대한민국 '상위 1%'의 남다른 자산운용 비법은 '주식 등 직접투자'였고, '재산소득'(임대·이자·배당) 격차는 17배나 됐다. 결국 돈이 돈을 번다는 의미로, 자산 양극화 현상이 심화될 수밖에 없음을 시사한다. 상위 1% 가구의 금융자산은 9억 91만원으로 16.8%를 차지했다. 이 가운데 84.8%인 7억 6,376만원이 저축액이었다. 부채는 평균 5억 1,666만원으로 집계됐다.

여유 자금을 운용하는 방법으로 상위 1% 가구의 60.3%가 '저축과 금융자산 투자'를 꼽았다. 금융자산 투자 시 선호하는 방법은 은행예금 45.8%, 주식 등 직접투자 26.5% 순이었다.

상위 1% 가구의 평균 연소득은 2억 1,632만 원으로 전체 가구 평균 6,414만 원의 3.4배 수준이었다. 근로소득이 9,328만 원, 사업소득이 3,985만 원, 재산소득이 7,247만 원으로, 전체 가구 평균과 비교해 근로소득(4,125만 원)은 2.3배, 사업소득(1,160만 원)은 3.4배, 재산소득(426만 원)은 17배 차이를 보였다. 사업소득은 사업체를 운영하면서 얻는 순수입을, 재산소득은 임대· 이자·배당 등으로부터 얻는 소득을 각각 말한다.

한편 2022년 대한민국의 평균 소득과 평균 자산을 보면
(1) 평균 소득: 6,414만 원 (2) 평균 자산 : 5억 4천 7백만 원 (3) 평균 부채 : 9천 170만 원으로 조사되었다.

MZ세대(20대~30대) 분위별 평균 자산도 흥미롭다. 2020년 20~30대가 가구주인 가구를 기준으로 해서 전체 평균은 3억 1,849만 원이었다. 상위 20%에 해당하는 5분위가 8억 7,044만 원이었고, 1분위(하위 20%)가 2,473만 원이었다.

한편 국제적으로도 재산에 있어서 상위 1%에 들어간 인사 중에서 범죄자인 경우가 적지 않다. 국내적으로도 대기업 총수 본인은 물론 자녀 등이 불법 은닉자금이나 마약 등의 이유로 구속되거나 패가망신하는 경우는 상당수 존재한다.

따라서 결코 "돈의 유무'가 '부자의 절대적 기준'이 될 수 없다. 이 책에서 언급하는 '특별한 1%의 행복한 부자'들은 바로 '자신의 가치와 행복, 건강'을 충분히 지키는 가운데, 자신의 목표를 실현하는데 충분한 재정적 여유를 가진 사람들을 의미한다. 물론 특별한 1%에 속하는 사람들은 동서고금을 막론하고 건강과 행복 그 리고 경제적 여유를 다른 평범한 사람들보다 양적으로나 질적으로 만족스럽게 확보하고, 또 이를 이웃과 공동체를 위해 기부하고 나누는 행복한 부자를 의미한다.

2023.3.16. <서울신문>, 2023.3.16 <서울경제>

행복한 부자라면 누려야 할 네 가지 자유

토니 노니카는 타이거 우즈 등 미국과 영국 등지에서 세계적인 대부호 2,000여 명과 교제하면서 그들의 사고방식과 습관을 관찰하였던 일본의 글로벌 IT 기업 창업자이다.

토니 노니카는 "왜 부자들은 자꾸 더 부자가 되는 걸까"라는 고민의 해법을 찾았다. 결론은 '행복한 부자들의 습관을 배워라!'라는 것이었고, 인간관계 없는 성공은 없다는 것이었다. 진정한 부자들은 그들의 행복과 성공 뒤에는 반드시 그 사람을 지지해 준 누군가가 존재했다. 그래서인지 성공과 행복을 모두 거머쥔 사람들은 대부분 감사의 말을 입에 달고 살았다.

진정한 재산은 가진 돈의 액수가 아니라 가진 돈을 모두 잃어버리고 난 후에도 남아 있는 것으로 생각했다. 그는 "부정적인 말만 입에 올리는 사람은 아무도 도와주지 않는다"라고 단정한다.

토니 노니카는 "모든 부자가 행복한 것은 아니다"라면서 "상위 3%의 행복한 부자라면 반드시 누려야 할 네 가지 자유"에 대해서 이렇게 말하고 있다.

TIP

토니 노니카는 "행복한 부자라면 누려야 할 네 가지 자유"을 말하고 있다. 경제적 자유, 시간의 자유, 건강의 자유, 인간관계의 자유…. 흥미로운 접근이다. 내가 누리는 자유와 누리지 못하는 자유는 무엇인가? <나만의 시크릿 노트>를 작성해 보자.

행복한 부자라면 반드시 누려야 할 네 가지 자유	Yes	No
경제적 자유: 돈만 많다고 최선은 아니다	☐	☐
시간의 자유: 노동 수입 이외의 수입원을 확보하라	☐	☐
건강의 자유: 건강해야 인생을 제대로 즐길 수 있다	☐	☐
인간관계의 자유: 고립은 불행을 부른다	☐	☐

토니 노니카, 《왜 부자들은 자꾸 더 부자가 되는 걸까?》

네 가지 자유를 고루 누려야 진정한 성공이라는 것이다.

<시크릿 노트>

내가 누리지 못하고 있는 자유는 무엇인가?

____

____

____

네 가지 자유를 누리기 위해 노력할 점은?

____

____

____

만약 당신이 가장 적합한 일에 종사한다면
당신은 쉽게 부자가 될 것이다.
그러나 만약 당신이 하고 싶은 일에 종사한다면
가장 만족스러운 부자가 될 것이다.

- 와틀스 《부자 마인드셋》 중에서

3
단계

STEP 3

행복한 부자로 가는 확실한 10가지 법칙

행복한 부자로 가는 심플하지만 확실한 10가지 법칙	Yes	No
1. 원하는 돈의 액수를 명확하게 정한다	☐	☐
2. 감사할수록 감사한 일이 더 많아진다	☐	☐
3. 그럼에도 불구하고 그냥 시작하라	☐	☐
4. 매일 조금씩 찍은 점이 결국 걸작이 된다	☐	☐
5. 얻는 것에서 주는 것으로 전환하라	☐	☐
6. 비우지 않으면 채울 수 없다	☐	☐
7. 저축하는 습관이 곧 자제력이다	☐	☐
8. 열심히 한 당신, 최고를 즐겨라	☐	☐
9. 행복한 부자들은 배움을 멈추지 않는다	☐	☐
10. 보상에 상관없이 대체 불가능한 사람이 되라	☐	☐

조성희, 《더 플러스》

< 시크릿 노트 >

특별한 1%에 속하는 부자들의 공통점에는 여러 가지 악조건에도 불구하고, 위험을 감수하면서 당장 시작했다는 사실이다. 더불어 실패의 과정을 거치면서 자기만의 성공 습관을 만들어갔으며, 결국은 그 누구도 대체할 수 없는 자신만의 행복에 도달했다. 결국 우리에게 가장 중요한 것은, 그럼에도 불구하고 '행복한 부자 프로그램'을 당장 시작하는 것이다.

···› 나의 행복한 부자가 되기 위한 '심플하지만 확실한 법칙'은

자수성가 백만장자들의 압도적 성공 비밀

《자수성가 백만장자들의 압도적 성공 비밀》의 저자 롭 무어는 "행복한 부자가 되는 것을 방해하는 '내 안의 망할 놈'은 누구인가?"라고 매우 공격적인 질문을 던진 이후 이렇게 자문자답한다.

"'내 안의 망할 놈'과 싸우는 여행은 늘 똑같다. 나는 이제야 이 망할 놈을 가끔 다시 가둬놓는 방법을 알게 된 것 같다. 과거와 현재 여러 기업을 경영해 오는 동안 숨어 있다가 슬금슬금 나오는 우유부단과 압박감 때문에 늘 고생했기 때문이다. 당신이 창의적인건 상업적이건, 빈털터리건 억만장자건, 혹은 장인이건 실패자건 항상 이런 악마들을 상대해야 한다"

그렇다면 내 안의 망할 놈은 무엇이고, 어떻게 극복해야 할까요?

"위대한 기업, 혁신가, 리더는 대중의 삶을 더 쉽고, 빠르고, 훌륭하고, 편리하게 만들어주는 문제 해결을 지속한다. 천재가 필요한 게 아니라 문제를 수용하고, 해결하고, 즐기는 태도가 필요하다. 문제 해결자가 세상을 지배한다"

롭 무어, 《자수성가 백만장자들의 압도적 성공 비밀: 결단》

김대중 대통령 역시 '인생은 결국 자기 자신과의 싸움'이라고 생각하면서, '내 안의 탐욕과 안이함과 끊임없이 싸워야 한다'고 하면서 다음과 같이 역설하였다.

"괴테는 <파우스트>를 통해 '이것이 지혜의 마지막 섭리이니
매일 새로이 정복하는 자,
오직 그만이 생명과 자유를 얻는다.'라고 했다.
우리는 매일 새로 태어나고 새로 전진해야 한다.

우리의 정복 상대는 자신이다.
안주하려는 자신,
도피하려는 자신,
교만해지려는 자신,
하나의 성취에 도취하려는 자신과 싸워 정복해야 한다."

매우 적절한 지적이다. 우리는 성공을 위해, 때로는 권력과 부를 축적하기 위해 온 노력을 기울인다. 하지만 끝내 우리가 마주하는 것은 '하나의 성취에 도취하려는 자신'과 싸워야 한다는 난관이다.

'안주하고 도피하고 교만해지려는 자신과 싸워 정복해야 한다.'라는 김대중의 가르침은 동서고금을 막론하고 행복한 부자가 된 특별한 1%의 공통된 성공해법이었다. 나쁜 습관을 고쳐 좋은 습관으로 만들려는 노력이 바로 행복한 부자가 되는 비밀 열쇠라는 의미다. 나 역시 전적으로 동의하는 부분이다.

TIP

다섯 차례나 죽을 고비를 넘긴 김대중 대통령도 자신의 자서전에서 "수많은 유혹을 받았고, 마음속으로 크게 흔들렸음"을 고백하였다. 나 역시 마찬가지이다. 확고한 목표를 세워도 예상치 않은 위기가 발생하면 흔들린다. 결국 내 안의 망할 놈은 무엇인가? 여러분도 한 번 찾아보시죠? 찾아내서 나 자신을 정복해 봅시다.

< 시크릿 노트 >

'나에게 행복한 부자가 되는 것을 방해하는 내 안의 망할 놈은 무엇이고, 이를 해결하기 위한 방법은 무엇인가? 나만의 시크릿 노트를 작성해보자

실천 프로그램

내 안의 망할 놈은 무엇인가?

1. 내 안의 망할 놈은 무엇인가?

2. 내 자신을 정복하기 위해 노력할 점은 무엇인가?

3. 어떻게 극복할 것인가?

일본 개인 소득 1위를 기록한 저자의 기적의 성공이론, <워프이론>

쿠라하라 타다오는 일본 개인소득 1위를 기록한 바 있고, 세금 납부액만 연간 6억 엔으로 일본 TV 최고 인기프로에서 <성공학>의 경영지도자로 활동하였다.

그가 '부자가 되는 방법론'으로 주장한 워프(warp-사전적 의미로 '휘다, 비틀다, 왜곡하다'라는 뜻이다. 하지만 '공간을 왜곡해 빛보다 빨리 이동하다'라는 뜻으로 더 쓰이게 된다.)이론은 흔히 스타워즈나 스타트렉과 같은 SF 공상 과학 영화에서나 나올 법한 warp를 이용해 시공간을 점프하여 단숨에 부자가 되는 길이 있다는 주장이다.

워프(Warp)이론의 저자는 <워프를 성공시키는 7개의 비밀 키워드>로 ①이미지 ②시간 ③공간 ④우주와 자연 ⑤열의(정열,의식) ⑥사람 ⑦일상의 행동을 제시했다.

워프이론은 일본 사회를 성공 신드롬에 빠져들게 하는 이 책의 저자 쿠라하라 소장이 창안한 기적의 성공 이론이다. 워프이론에 의한 성공은 시간적 단계를 밟지 않았다. 초단시간에 실현한다. 저자는 이를 가리켜 '타임머신을 타는 성공법'이라 말한다.

워프이론으로 성공하려면 정신적 번득임, 육감, 이미지, 영감을 느끼는 감각만 있으면 된다. 특히 잠재의식을 확 바꾸는 것이 성공의 중요한 열쇠가 된다.

쿠라하라 타다오, 《엄마의 재테크 미쳐도 좋아》

실천 프로그램

1. 나의 워프를 성공시키는 육감과 영감, 정신적 번득임 그리고 잠재의식을 확 바꾸는 것은 무엇인가?

2. 나의 워프를 성공시키는 이미지와 열정, 그리고 일상의 행동은 무엇인가?

백만장자의 '부를 끌어당기는 부자 마인드'

하브 에커는 《백만장자 시크릿》이라는 저서에서 '부를 끌어당기는 17가지 매뉴얼'을 제시했다. 그 중에서 10가지로 추출해 보았다.	Yes	No
1. 부를 꿈꾸고 헌신하는 사람만이 부자가 된다	☐	☐
2. 크게 생각하는 사람이 크게 이룬다	☐	☐
3. 두려움에도 불구하고 행동하는 것이 행동하지 않는 것보다 낫다	☐	☐
4. 부를, 부자를 긍정하라	☐	☐
5. 어떤 어려움이 닥쳐도 그보다 강해져라	☐	☐
6. 나는 충분히 받을 만큼 가치 있는 사람이다	☐	☐
7. 진정한 부의 척도는 순 자산이다	☐	☐
8. 적은 돈부터 관리하고 투자하는 습관을 들여라	☐	☐
9. 돈이 나를 위해 일하게 하라	☐	☐
10. 최고의 보상을 받으려면 최고가 되어라	☐	☐

< 시크릿 노트 >
'행복한 부자'의 꿈을 이루지 못하고 있는 가장 큰 원인은 바로 《백만장자의 시크릿》에 적힌 것처럼 "두려움에도 불구하고 행동하는 것이 행동하지 않는 것보다 낫다"는 너무도 평범한 진리를 실행에 옮기지 못해서가 아닐까?

…› 나에게 가장 필요한 '부를 끌어당기는 부자 마인드'는?

부를 끌어당기는 행동

1. 부를 기획하라
2. 투자가치를 증명하라
3. 기회로 전환하라
4. 100퍼센트 몰입의 힘
5. 남들과 달라질 용기
6. '안 돼'를 거부하라
7. 나는 할 수 있다.
8. 부를 거머쥘 때까지 버텨라
9. 부의 수단인 돈을 사랑하라
10. 오래 성공하려면 가끔 휴식을 취하라

라이너 지텔만, 《부의 선택》

< 시크릿 노트 >

행복한 부자가 되기 위해 돈을 끌어당기기 위해서 가장 필요한 힘에 대해 지텔만은 '나는 할 수 있다'라는 자신감을 강조한다. '안 돼를 거부'하고, '부를 거머쥘 때까지 버티고', '부의 수단인 돈을 사랑하라'고 노래한다. '100퍼센트 몰입의 힘' 또한 강조한다. 특별한 1%의 부자들은 한결같이 돈에 대한 부정적 편견을 버리고, '돈'에 대해 공부하고 사랑하고 헌신하라 가르친다. 그리고나서 번 돈으로 행복한 삶을 살면서 주변에 나누고 배풀면서 사는 행복한 부자가 되라고 조언한다.

성공으로 이끄는 타이탄의 도구들

프린스턴 대학에서 '기업가정신'을 강의하는 '이 시대 가장 혁신적인 아이콘'으로 평가받는 저자는 18세 이후 자신의 모든 것을 기록으로 남겨왔을 정도로 강박적인 노트 수집가였다. 특별한 1% 부자들의 공통점이 메모광이라는 점에서 팀 페리스도 예외가 아니었다.

'폭발적인 아이디어, 창조적인 습관과 디테일한 전략, 강력한 실행력'을 갖춘 그들을 팀 페리스는 거인이라는 뜻의 '타이탄(titan)'이라 명명했다. <타이탄의 도구들>은 그런 그가 모은 노트들 가운데 가장 빛나는 보물이라고 자신하는 책이다. 이 노트를 남기기 위해 저자는 지난 몇 년간 '세상에서 가장 지혜롭고, 가장 부유하고, 가장 건강한 사람'이라고 평가받는 사람들을 만났다. 그리고 다음과 같은 시크릿 노트를 남겼다.

1,000명의 펜을 확보하라! 모든 것을 기록으로 남겨라!
생각을 쉬게 하라!

팀 페리스, 《타이탄의 도구들》

실천 프로그램

나만의 타이탄의 도구는 무엇일까?
(폭발적 아이디어, 창조적 습관, 디테일 전략, 강력한 실행력 등)

___

___

___

수천 년 동안 비밀스럽게 전해진 부의 비밀

오그 만디노가 쓴 《위대한 상인의 비밀》은 전 세계적으로 2,500만부 판매된, 추종을 불허하는 세기적 베스트셀러이다. 수천 년 동안 비밀스럽게 전해진 여러 개의 고대 두루마리 속에 숨어 있던 부와 성공, 그리고 인생에 관한 위대한 지혜가 담겨 있다.

사실, 실패한 사람과 성공한 사람 사이에는 단 하나의 차이만 있을 뿐이다. 습관의 차이가 그것이다. 좋은 습관은 모든 성공의 열쇠이며, 나쁜 습관은 실패를 향해 열려있는 창문과도 같다. 그래서 다른 무엇보다도 내가 지켜야 할 첫 번째 법칙은 '좋은 습관을 만들고, 그 습관의 노예가 되라'는 것이다.

실천 프로그램

'습관의 노예'가 될 정도로 내가 반드시 지켜야 할 좋은 습관은?

당신의 생각을 자세히 관찰하라
그러면 그것은 말로 변할 것이다
당신의 말을 자세히 관찰하라
그러면 그것은 행동으로 변할 것이다
당신의 행동을 자세히 관찰하라
그러면 그것은 습관으로 변할 것이다
당신의 습관을 자세히 관찰하라
그러면 그것은 개성으로 변할 것이다
당신의 개성을 자세히 관찰하라
그러면 그것은 당신의 운명으로 변할 것이다.

* 로저스 쉴러, 《지금 이순간 나에게 꼭 필요한 한마디》 중에서

STEP 4

절망 속에서 행복한 부자가 되는 열 가지 습관

데일 카네기의 1% 성공습관:
실패의 경험을 성공의 원동력으로

데일 카네기는 '특별한 1%의 성공 습관'에 대해서 자신들이 처한 어려운 역경속에서도 실패의 경험을 성공의 원동력으로 삼았던 많은 위인들의 진실된 삶의 경험을 중요시 하고 있다.

앤드루 카네기의 경우, 좁고 어두운 다락방에서 굶주리며 자랐지만 지칠 줄 모르는 활력과 꺼지지 않는 열정으로 사람들의 주목을 받았다. 결국 앤드루 카네기는 강철왕으로 위대한 성공을 거둔다.

퀴리 부인 역시 배가 고파 정신을 잃고 쓰러지고 난방시설이 없는 방에서 겨우내 추위와 싸워야 할 정도로 가난했지만, 굶주림과 추위에 맞서 내면의 불길을 활활 피워 올렸다. 마침내 퀴리 부인은 암을 치료하는 '라듐'을 발견한다.

헬렌 켈러는 귀와 눈이 멀고 말도 못했지만, 깨달음의 기쁨을 만끽하고 미래에 대한 희망을 품었다. 드디어 헬렌 켈러는 세상과의 소통에 성공한다. 청각장애인 누나를 두고 있는 내 경우도 어릴 적 존경하는 인물의 한 분으로 헬렌 켈러를 생각했다.

세익스피어의 경우도 아내에게는 가혹하고 주변에는 자신의 명성을 위해 베풀었으며, 부동산 투자와 주식 투자로 돈을 버는 데 능했다. 하지만 세계적인 대문호로 성장하였다.

데일 카네기, 《데일 카네기 1% 성공습관》

행복한 부자가 되기 위한 10가지 습관혁명	Yes	No
1. 누구도 아닌 당신에게 필요한 목표를 세워라.	☐	☐
2. 궁극적으로 개발해야 할 습관을 정하라.	☐	☐
3. 가장 작은 습관으로 새롭게 시작하라.	☐	☐
4. 가능하면 새 습관을 세상에 공개하라.	☐	☐
5. 목표를 하찮고 자잘한 수치로 만들어라.	☐	☐
6. 구체적인 기간별 계획을 세워라.	☐	☐
7. 작지만 즉각적인 보상을 만들어라.	☐	☐
8. 매일 같은 시간에 실천하라.	☐	☐
9. 장애물을 대비하라. 실패했을 때 자신을 용서하라.	☐	☐
10. 일주일에 한번씩 점검하라.	☐	☐

데이먼 자하리아데스, 《작은 습관연습》

실천 프로그램

나에게 가장 쉽고 확실한 변화를 만드는 습관혁명은 무엇인가?

나폴레온 힐의 부자 수업: 당신의 습관 분석

당신에게 중요한 것들과 관련된 당신의 습관을 분석해보자.
저마다의 기준에 따라 자신의 습관을 평가해 보자.

	항목	점수
1	당신이 정말 좋아서 할 수 있는 일을 찾는 데 얼마나 많은 시간을 사용하고 있는가?	
2	얼마나 많은 시간을 긍정적인 생각을 하는 데 사용하고 있는가?	
3	얼마나 많은 시간을 부정적인 생각을 하는 데 사용하고 있는가?	
4	오롯이 당신이 바라는 것들에 마음을 집중하는 시간을 규칙적으로 갖고 있는가?	
5	사람들과 좋은 관계를 강화하기 위해 얼마나 많은 시간을 쓰고 있는가?	
6	건강한 몸과 마음을 위해 얼마나 많은 시간을 들이고 있는가?	
7	당신이 믿는 종교적 신앙을 얼마나 생활에서 실천하고 있는가?	
8	8시간이라는 자유 시간 동안 당신이 관심 가지고 있는 것을 개발하고 있는가?	
9	예산에 따라 계획적으로 지출하고 있는가?	
10	정확히 사고하는 습관을 들이기 위해 얼마나 많은 시간을 노력하고 있는가?	
11	정확한 사고를 위한 습관을 얼마나 실천하고 있는가	
12	투표라는 국민으로서의 특권을 잘 사용하고 있는가?	
13	당신의 가정은 화목한가?	
14	당신의 결혼 생활은 행복한가?	
15	당신은 사람들의 기대이상으로 일하도록 노력하고 있는가?	
16	당신은 당신의 일을 좋아하는가?	
총점		

나폴레온 힐, 《나폴레온 힐 부자 수업》

스티븐 코비, 성공하는 사람들의 7가지 습관

스티븐 코비는 타임지가 선정한 '미국에서 가장 영향력 있는 25명' 중 한 사람이었다. 그는 4,000년 이상 통용되어 오다 지난 50년 동안 잊혀 버렸던 영원불변의 원칙들을 어떻게 생활의 중심으로 삼을 수 있는지, 또 그 효과는 어떠한지를 《성공하는 사람들의 7가지 습관》이라는 책을 통해 밝혀냈다.

스티븐 코비의 성공하는 사람의 7가지 습관	Yes	No
1. 자신의 삶을 주도하라	☐	☐
2. 끝을 생각하며 시작하라	☐	☐
3. 소중한 것을 먼저 하라	☐	☐
4. 승(勝)-승(勝)을 생각하라	☐	☐
5. 먼저 이해하고 다음에 이해시켜라	☐	☐
6. 시너지를 내라	☐	☐
7. 끊임없이 쇄신하라.	☐	☐

스티븐 코비, 《성공하는 사람들의 7가지 습관》

TIP

스티븐 코비를 비롯한 특별한 1%의 행복한 부자들은 이구동성으로 "나쁜 습관을 버리고 새로운 습관혁명을 실천하라"라고 주문한다. 그런 점에서 이 책의 4단계 <절망 속에서 행복한 부자가 되는 열 가지 습관>을 먼저 실천해 옮겨 보고, 최종적으로 부록에서 자신의 행복한 부자 프로그램을 멋지게 설계해 보시라.

실천 프로그램

스티븐 코비의 '성공하는 사람의 7가지 습관' 실천하기

1. 자신의 삶을 주도하라! (내가 주도하는 삶의 목표는?)

---

2. 끝을 생각하며 시작하라! (나의 최종 목표와 출발점은?)

---

3. 소중한 것을 먼저 하라! (나의 가장 소중한 가치와 사업은?)

---

4. 승-승(勝-勝)을 생각하라! (나의 윈-윈 프로젝트는?)

5. 먼저 이해하고 다음에 이해시켜라! (내가 먼저 이해해야 할 핵심 포인트는?)

6. 시너지를 내라! (시너지를 낼 핵심은?)

7. 끊임없이 쇄신하라! (끊임없이 쇄신할 점은?)

내 인생의 기적은 매일 팔굽혀펴기 한 번에서 시작되었다

《습관의 재발견》 저자인 스티븐 기즈는 자신의 인생에서 가장 의미있는 기적을 "한 번의 팔굽혀펴기에서 시작되었다고 하면서 '골든 푸시업' 이라 이름 지었다.

"단 한 번의 팔굽혀펴기가 마침내 집을 벗어나 헬스클럽에 다니기 시작했고, 그 후 몇 개월이 지난 후에는 '작은 습관'이라는 공식이 독서와 글쓰기 같은 내 삶의 다른 부분도 향상시킬 수 있음을 깨달았다."라고 한다. 이것을 '골든 푸시업'(golden push-up, 결정적 계기가 되었던 팔굽혀펴기) 이라고 이름을 붙일까 한다는 그는 "30분짜리 운동이 마치 에베레스트산처럼 넘기 불가능한 장벽같이 보였다."

스티븐 기즈, 《습관의 재발견》

실천 프로그램

내 인생의 기적을 가져다줄 수 있는 당장의 실천은?

특별한 1% 부자의 행복해지는 열 가지 습관	Yes	No
1. 자신의 행복을 찾아라	☐	☐
2. 미래를 걱정하며 현재를 낭비하지 마라	☐	☐
3. 지나치게 많이 생각하지 마라	☐	☐
4. 긍정적인 결과에 집중하라	☐	☐
5. 예상치못한 변수에 집착하지 마라	☐	☐
6. 실패를 두려워하지 마라	☐	☐
7. 원한을 버려라	☐	☐
8. 작은 것에 감사하라	☐	☐
9. '적당히'에 만족하지 마라	☐	☐
10. 신념과 맞는 종교를 가져라	☐	☐

딘 그라지오, 《백만장자의 아주 작은 성공 습관》

< 시크릿 노트 >

행복한 부자의 습관중에서 가장 힘든 습관은 아마도 '원한을 버려라'인 듯싶다. 살아가면서 '오히려 적에게 관대하라'는 주문은 평범한 사람들에게는 가장 힘든 숙제이다. 오늘부터 힘들겠지만, 평소에 서운한 감정을 가진 이들에게 더욱 따스한 마음을 소셜 네트워크를 통해서라도 전해야겠다.

…› 내가 먼저 원한을 버려야 할 사람은? 어떻게 풀 것인가?

기적 같은 아침을 만드는 새로운 습관

당신을 아침에 일어나게 만드는 이유는 무엇인가요?

《미라클모닝》의 저자 할 엘로드는 "당신의 하루를 바꾸는 기적은 아침 6분이면 충분하다"라면서 6가지의 아침 습관을 소개한다.

백만장자의 무기로 부자들의 아침 습관인 라이브 세이버(SAVER)를 제시한다. S(Silence, 침묵), A(Affirmation, 확신의 말), V(Visualization, 시각화), E(Exercise, 운동), R(Reading, 운동) S(Scribing, 쓰기)의 영어 약자 앞을 딴 신조어다.

할 엘로드, 《미라클모닝》

아침에 일찍 일어난 새가 먹이를 먹는다.
나에게 '기적의 아침'을 가져다줄 수 있는 새로운 습관을 만들어보자.

실천 프로그램

나의 하루를 바꾸는 기적의 아침(미라클모닝)의 다짐은? (침묵과 확신의 말, 운동, 독서, 일기 등)

____

____

____

____

백만장자의 아주 작은 성공 습관	Yes	No
1. 명확한 목표를 설정하라	☐	☐
2. 부정적인 것에 집착하지 말고 긍정적인 것에 집중하라	☐	☐
3. 시련과 고난을 기회로 여기고 성공의 발판으로 삼아라	☐	☐
4. 언제 어디서든 자신감을 잃지 마라	☐	☐
5. 못하는 것보다 잘하는 것에 시간과 에너지를 쏟아라	☐	☐
6. 항상 상대방이 무엇을 원하는 지 파악하라	☐	☐
7. 솔직하고 진정성 있는 자세로 신뢰를 얻어라	☐	☐
8. 한 번 원하는 것을 얻었다고 해서 방심하지 마라	☐	☐
9. 계산적인 거래보다 인간관계를 중시하라	☐	☐
10. 행복을 우선순위로 생각하라	☐	☐

딘 그라지오, 《백만장자의 아주 작은 성공 습관》

< 시크릿 노트 >

《백만장자의 아주 작은 성공 습관》 중에서 가장 쉬우면서도 가장 실천하기 어려운 습관 중의 하나가 바로 <항상 상대방이 무엇을 원하는지 파악하라>는 것이다. 피터 드러커의 '최고의 질문' 중에서도 핵심이다. 내가 원하는 것도 중요하지만 나의 사랑하는 가족과 내가 하는 사업이 주된 타겟으로 하는 고객의 수요(Needs)가 무엇인가를 정확히 파악하는 것이다. 그리고 행복을 우선순위로 생각하는 것이다. 돈의 노예가 되지 않고, 물질적 부에만 집착하지 않고, 건강과 사랑, 행복을 우선순위로 두는 행복한 부자의 꿈을 최우선적인 삶의 목표로 설정하는 것이 너무도 중요한 듯싶다.

실천 프로그램

'백만장자의 아주 작은 성공 습관' 실천해 보기

1. 명확한 목표를 설정하라

____

____

2. 부정적인 것에 집착하지 말고 긍정적인 것에 집중하라

____

____

3. 시련과 고난을 기회로 여기고 성공의 발판으로 삼아라

____

____

4. 언제 어디서든 자신감을 잃지 마라

____

____

5. 못하는 것보다 잘하는 것에 시간과 에너지를 쏟아라

____

____

6. 항상 상대방이 무엇을 원하는 지 파악하라

---

7. 솔직하고 진정성 있는 자세로 신뢰를 얻어라

---

8. 한 번 원하는 것을 얻었다고 해서 방심하지 마라

---

9. 계산적인 거래보다 인간관계를 중시하라

---

10. 행복을 우선순위로 생각하라

행복한 부자가 되기 위해, 내가 꼭 바꾸고 싶은 10가지 습관혁명

핵심 목표:

실천과제 (습관) (1)

(2)

(3)

실행자: 본인 / 배우자 / 가족 착수일: 년 월 일

	과거의 습관	새로운 습관(뉴노멀)
1		
2		
3		
4		
5		
6		
7		
8		
9		
10		

작심삼일을 반복하는 당신을 위한 7가지 습관법칙	Yes	No
1. 작게 시작하라	☐	☐
2. 딱 한 달만 새 습관을 실천하라	☐	☐
3. 한번에 하나씩 습관을 길러라	☐	☐
4. 새 습관을 세상에 공개하라	☐	☐
5. 아침에 새 습관을 실천하라	☐	☐
6. 새 습관의 목적을 상기하라	☐	☐
7. 실패했을 때 자신을 기꺼이 용서하라	☐	☐

데이먼 자하리아데스, 《작은 습관 연습》

평생을 교육자로 사시면서 리더쉽 교육에 평생을 바치신 아버지께서는 어릴 적 자주 계획을 짜고는 작심삼일 실천을 못 하는 아들을 향해 이렇게 말씀해주셨다.

"아들아, 작심삼일이면 어떠니? 삼일 동안 실천한 것 아니니?
계획에 도달하지 않더라도 주변에 너의 계획을 공표하거라.
그래서 책임감을 갖고 실천하다 보면 나중엔 성공하게 된단다"

그날 이후 나는 작심삼일 계획을 셀 수도 없이 반복했지만,
지금은 누구 못지않게 계획대로 사는 삶을 살아가고 있다.

< 시크릿 노트 >

데이먼 자하리아데스가 7가지 습관법칙에서 제시하는 것처럼, <실패했을 때 자신을 기꺼이 용서하라>, <새 습관을 세상해 공개하라> 그리고 <작게 시작하라> 그러면 행복한 부자가 되는 습관혁명의 기적을 발견할 수 있을 것이다.

'행복한 부자'가 될 수 있는 작은 습관 10가지	Yes	No
1. 하기 싫은 일 5분만 더하기	☐	☐
2. 가족과 함께 아침밥 먹기	☐	☐
3. 맨 앞자리에 앉아보기	☐	☐
4. 핸드폰 바탕화면에 목표 띄워 놓기	☐	☐
5. 약속 시간 15분 전에 도착하기	☐	☐
6. 맞장구치면서 듣기	☐	☐
7. 하루 30분 걷거나 뛰기	☐	☐
8. 엘리베이터 타지 않고 걸어 올라가기	☐	☐
9. 누구에게나 칭찬하기	☐	☐
10. 나에게 고맙다고 말하기	☐	☐

< 시크릿 노트 >

꼭 행복한 부자가 아니더라도 작은 습관만 변화시켜도 멋진 삶을 영위할 수 있다. 없는 사람을 칭찬하고, 나에게 고맙다고 말하는 것만 실천해도 뜻하지 않는 행운이 저절로 따라올 수 있다.

실천 프로그램

'행복한 부자'가 되기 위해 꼭 고쳐야 할 나의 작은 습관

IDEAS & NOTES

"돈은 사람을 자유롭게 한다.
가장 먼저 해야 할 공부는 돈 버는 공부다"

- 월리스 D. 와틀스, 《부를 얻는 기술》 중에서

5
단계

STEP 5

행복한 부자가 되기 위한 10가지 단계

데일 카네기의 상대방을 설득하는 방법

데일 카네기는 인간관계론과 성공학 분야의 세계적 대가이다. 그런 그가 제시하는 상대방을 설득하는 방법은 결국 깊고 폭넓은 인간관계를 통해 성공의 지름길로 안내하는 비밀 열쇠가 될 것이다. 그가 제시하는 상대방을 설득하는 방법 중에서 나는 얼마나 실천하고 있는가? 한 번 점검해보자.

데일 카네기의 상대방을 설득하는 방법	Yes	No
1. 가급적 논쟁을 피하라	☐	☐
2. 다른 사람의 잘못을 지적하지 말라	☐	☐
3. 잘못은 솔직히 인정하라	☐	☐
4. 상대방의 말을 경청하라	☐	☐
5. Yes를 유도하라	☐	☐
6. 상대방이 직접 말하게 하라	☐	☐
7. 스스로 결론을 내도록 유도하라	☐	☐
8. 타인의 입장에 서서 생각하라	☐	☐
9. 타인의 생각에 진심으로 공감하라	☐	☐
10. 그 사람의 감정에 호소하라	☐	☐

데일 카네기, 《데일 카네기 인간관계론》

행복한 부자가 되기 위한 10가지 단계

《부자 아빠, 가난한 아빠》의 저자로 유명한 로버트 기요사키는 '행복한 부자'가 되는 10단계를 제시하였다. 돈에만 집착하는 졸부와는 다른 '진정으로 행복한 부자의 길'이다. 그는 손익계산서의 대차대조표까지 그려가며, 구체적인 방법론을 제시하였다.

행복한 부자가 되는 10단계	Yes	No
1. 현실보다 더 좋은 '이유'를 찾으라: 정신의 힘	☐	☐
2. 매일같이 선택하라: 선택의 힘	☐	☐
3. 친구는 신중하게 고르라: 협조의 힘	☐	☐
4. 하나의 방식에 통달한 다음 새로운 것을 익히라: 빠른 배움의 힘	☐	☐
5. 자신에게 먼저 지불하라: 자기통제의 힘	☐	☐
6. 중계인에게 넉넉하게 지불하라: 좋은 조언의 힘	☐	☐
7. 인디언들처럼 주고받으라: 공짜로 얻는 힘	☐	☐
8. 자산을 이용해 사치품을 사라: 집중의 힘	☐	☐
9. 당신의 영웅을 선택하라: 신화의 힘	☐	☐
10. 가르치라 그러면 받으리라: 주는 것의 힘	☐	☐

로버트 기요사키, 《부자 아빠, 가난한 아빠》

실천 프로그램

행복한 부자가 되는 10단계

나는 부자 아빠일까? 가난한 아빠일까? 기요사키는 <인디언처럼 주고 받으라>, <당신의 영웅을 선택하라>고 주문한다. 타인에게 배려하고 자신의 멘토를 선택해서 끊임없이 배우라는 뜻으로 읽혀진다.

어떻게 하면 행복한 부자가 될 수 있을까?

1. 현실보다 더 좋은 '이유'를 찾으라: 정신의 힘

____

____

2. 매일같이 선택하라: 선택의 힘

____

____

3. 친구는 신중하게 고르라: 협조의 힘

____

____

4. 하나의 방식에 통달하라, 그런 다음 새로운 것을 익히라: 빠른 배움의 힘

____

____

5. 자신에게 먼저 지불하라: 자기통제의 힘

6. 중계인에게 넉넉하게 지불하라: 좋은 조언의 힘

7. 인디언들처럼 주고받으라: 공짜로 얻는 힘

8. 자산을 이용해 사치품을 사라: 집중의 힘

9. 당신의 영웅을 선택하라: 신화의 힘

10. 가르치라 그러면 받으리라: 주는 것의 힘

내 인생을 바꾼 한 권의 책

뉴욕타임스 190주 연속 베스트셀러라는 경이적인 기록을 남긴 《내 인생을 바꾼 한 권의 책》은 스티븐 코비 등 세계적인 영향력을 가진 이들이 책 한 권의 위력을 보여준다.

이 책은 흙수저 소년을 20대 백만장자에 오르게 하고, 두 번의 교통사고를 당한 국가대표 선수를 절망으로부터 구해냈다. 이 책은 욕망은 거세한 채 헛똑똑이로 살던 이를 깨우치게 만든 결정적 계기들을 담담하게 서술하고 있다. 이 책에 인용된 특별한 1%의 부자와 그들의 인생을 바꾼 책 속의 명문장을 소개한다.

나이를 탓하며 주저앉기엔 남은 인생의 기회가 너무 많다.
- 도리스 해덕 / 정치활동가

열정적인 사람에게는 비난도 전진의 동력이 된다.
- 팻 윌리엄스 / NBA 올랜도 매직 공동 창립자

한계는 환경을 탓하는 마음에서 비롯한다.
- 스티븐 코비 《성공하는 사람들의 7가지 습관》

잭 캔필드 & 게이 헨드릭스, 《내 인생을 바꾼 한 권의 책》

나는 《특별한 1%의 부자 노트》가 여러분의 인생을 극적으로 전환하는데 도움을 주는 한 권의 책이 되기를 바란다.

실천 프로그램

내 인생을 바꾼 한 권의 책은? 이유는 무엇인가?

나의 목표 실현을 위해 꼭 읽어야 할 책은? (버킷리스트)

내가 쓰고싶은 나의 자서전은? 어떤 내용인가?

오프라 윈프라를 빛나게 하는 다섯 가지 대화법

이영호 씨가 지은 《오프라 윈프라의 대화법》에는 25년간 35,000명과 소통한 오프라 윈프라를 빛나게 하는 '5가지 대화법'을 소개하고 있다.

오프라 윈프라를 빛나게 하는 '5가지 대화법'	Yes	No
1. 타인의 아픔에 공감한다.	☐	☐
2. 진지하게 듣는다.	☐	☐
3. 긍정적으로 말한다.	☐	☐
4. 정직하고 솔직하게 말한다.	☐	☐
5. 사랑스럽고 따뜻한 표정을 짓는다.	☐	☐

나는 이런 오프라의 대화법을 비교적 실천하고 있지만, <적게 말하고 많이 듣기> <말 가로채지 않고 끝까지 경청하기> <비판보다는 칭찬하기>와 같은 중요한 소통의 기술은 아직도 부족하다.

"험담은 시속 400킬로로 날아가지만 1시간밖에 가지 못하고, 칭찬은 4킬로로 달리지만 멈추지 않고 한없이 계속 간다"는 이 책의 메시지 역시 소중한 충고이다.

실천 프로그램

나의 대화법은 어떤 문제가 있고, 무엇을 개선해야 하는가?

김대중의 중요 협상 시 여섯 가지 대화법

김대중 대통령 역시 각국 정상과 대화할 때 몇 가지 원칙을 갖고 있었다. 이 대원칙은 각국 주요 정상과의 대화에만 통용되는 것이 아니다. 중요한 경제적 비즈니스를 하거나 개인적 대화를 나눌 때도 지켜야 할 중요한 비결이라 할 수 있을 것이다.

첫째, 어떠한 경우도 상대에게 '아니다(No).'라고 하지 않는다.
둘째, 되도록 상대의 말을 많이 듣는다.
셋째, 상대방과 의견이 같은 대목에서는 반드시 '내 의견과 같다.'라고 말한다.
넷째, 할 말은 모아 두었다가 대화 사이에 집어넣고,
그러면서도 꼭 해야 할 말은 빠트리지 않는다.
다섯째, 협상의 성공은 상대 덕분이라는 인상을 심어준다.
여섯째, 상대를 진심으로 대한다.

위 원칙 중 '상대를 진심으로 대한다'는 부분이 가장 중요하다. 특히 김대중 대통령은 김정일 위원장과 정상회담을 할 때 이 6가지 대화 원칙을 철저히 지켰다. 김정일 위원장이 화답한 것도 이런 김 대통령의 실사구시적 협상 태도에 감명했기 때문일 것이다.

행복한 부자 아빠가 되는 길

아파테이어는《마흔살, 행복한 부자 아빠》라는 저서에서 홀어머니 밑에서 무일푼으로 결혼한 평범한 직장인이 부업으로 해 온 수익형 부동산 투자를 통해 연봉만큼 월세 수익을 창출할 수 있었던 비밀을 공개하고 있다. 그가 관심을 두고 있는 것은 자신처럼 평범한 행복한 부자 아빠가 되는 것이다. 자신이 경험한 부의 철학, 마음의 평정, 더 나아가 행복한 가장이 되는데 도움이 될 지혜를 우리와 함께 공유하고 있다.

돈의 액수를 목표로 두지 말자. 그러면 돈의 노예가 된다.
신념과 철학이 있어야 돈을 장악한다.
미소와 칭찬은 고래도 춤추게 한다.

결국 행복한 부자 아빠의 꿈을 이루기 위해서는 "돈의 노예가 되지 않고 미소를 머금은 칭찬이 중요하다"라는 메시지로 들린다. 젊은 시절《부자 엄마, 행복한 아빠》라는 책을 쓰던 시절에 나의 꿈이 생각난다. 가장의 책임에 과도한 부담을 느끼는 아빠들에게 '행복'을, 가정경제의 책임분담을 위해 일하고 싶은 엄마들에게도 '부자의 꿈'을 이룩하도록 하자는 것이《최성 박사의 부자 엄마, 행복한 아빠 프로젝트》였다.

TIP

데일 카네기는《인간관계론》에서 "가정을 무덤으로 만드는 빠른 방법인 잔소리를 하지 말라"고 주장한다. 그것은 곧 배우자와 가족들에게 "고래도 춤추게 만드는 칭찬을 해보라"라는 권유로도 연결될 것이다. 지금, 당장 칭찬해 주세요.

실천 프로그램

지금, 당장 칭찬해 주세요

나 자신에게 칭찬할 점은?

____

____

____

내 아내와 가족(부모와 자녀)들에게 칭찬할 점은?

____

____

____

나의 가까운 친구와 동료에게 칭찬할 점은?

____

____

____

미친 자들이 세상을 바꾼다

캐나다에서 나스닥 상장을 돕는 글로벌 투자 컨설팅 CEO인 자명은 자신이 쓴 《숨겨진 부의 설계도》에서 "미친 자들이 세상을 바꾼다"라고 주장한다. 그의 논리와 근거는 다음과 같다.

세상을 10년은 앞당겨 놓았다고 하는 스마트폰, 그리고 이를 만든 애플의 스티브 잡스를 모르는 사람이 없을 것이다. 그 또한 기행과 남다른 행보로 주위에서 정상적인 사람으로 대접을 못 받고 미친놈 취급을 받은 적이 많았다.

페이스북의 창업자 마크 저커버그 역시 그가 다니던 하버드대를 그만두고 실리콘밸리 근처로 인생의 전환기를 맞게 된다. 주변의 만류를 의식하지 않고 뜻있는 동료와 대학 동아리 수준의 그룹을 만들어 사업하겠다고 했을 때 다들 미친 짓이라고 했다. 미친 사람들의 돈키호테 사고방식을 지녔기에 돈키호테 같은 걸출한 인물을 알아보고 그를 놓치지 않았다.

당시 미국 IT 업계에서 일약 스타가 된 숀 파커를 만났기 때문이다. 숀 파커 역시 고작 19세 나이에 음악 공유 서비스인 냅스터를 만들어 십만 명의 가입자를 확보해 음악 산업계를 혁명하여 관련 업계를 떠들썩하게 만든 장본인이다. 그러나 그의 자유분방하고 기이한 행동으로 결국 주주들로부터 축출당하면서 회사에서 쫓겨나 한순간 나락으로 떨어지는 경험을 하게 된다.

어찌 보면 스티브 잡스가 자신이 설립한 회사 애플에서 쫓겨난 것과 같이 유사한 점이 많은 인물이기도 하다. 회사에서 쫓겨나 새로운 일거리를 고민하고 있던 그를 마크 저커버그는 자신들의 사업에 동참해 줄 것을 간곡히 설득하여 영입하게 된다. 작은 스타트업에 불과했던 페이스북이 오늘날 세계적 기업으로 성장한 데는 미친놈으로 소문나 있던 숀 파커를 만남으로써 가능했던 것이다. 페이스북의 초대 사장을 맡기도 했던 그는 실리콘밸리에서 미친놈 소리를 들었던 대표적 사람이었고 몇 가지 원칙을 정해놓고 자신의 소신을 굽히지 않기로도 유명하다.

자명,《숨겨진 부의 설계도》

<시크릿 노트>

세상을 바꿀 수 있는 '나만의 미친 생각'은?

(1. 아이디어 2. 실현 방도 3. 준비사항 4. 당장 실천행동 등)

넷플릭스의 놀랍고 유연한 기업 생존전략

넷플릭스가 시장이 변할 때마다 가볍게, 그것도 굉장히 빠른 속도로 변신할 수 있었던 비결은 무엇인가? 넷플릭스 CEO인 리드 헤이스팅스는 규칙이 필요 없는 '자유와 책임'(Freedom & Responsiblity)이라는 그들만의 기업문화를 내세운다. 그래서 헤이스팅스가 에린 마이어와 함께 쓴 책의 제목이 《규칙 없음》이다.

그는 오늘 같은 정보시대에 기업이나 팀에 필요한 건, 오류 예방이나 정확한 복제가 아닌 창의성과 혁신의 속도 그리고 민첩성이라고 강조한다. 이 시대 기업의 생존을 위협하는 가장 큰 위험은 무엇일까? 리드는 단언한다. 최고의 인재를 끌어들이지 못하고, 새로운 제품을 내놓지 못하며, 환경이 바뀔 때 신속하게 방향을 틀지 못하면 기업은 생존하지 못하고 도태된다고...

독수리를 새장에 가두지 말 것!

놀랍도록 유연한 넷플릭스의 독특한 생태계가 주는 강력한 메시지다.

TIP

일상에서 살아가다 보면 주어진 규칙과 사회 관념 속에서 자신이 펼치고 싶은 창조적인 상상의 나래를 펴기 어렵다. 만약 오늘 이 순간, 내가 꼭 하고 싶은 창조적 아이디어를 자유롭게 구상해보자. (141~143쪽)

실천 프로그램

나 자신과 내가 참여하고 있는 기업이나 조직에서
가장 <혁신적인 창의성>과 관련된 아이디어는 무엇인가?

나의 혁신적이고 창의적인 아이디어를 실천할 방법은 무엇인가?

당장 나의 창의적 아이디어를 위해 결단할 것은 무엇인가?

실천 프로그램

나의 창의적 아이디어를 어떻게 실천할 것인가?

	창의적 아이디어	핵심 실천 방법
1		
2		
3		
4		
5		
6		
7		
8		
9		
10		

IDEAS & NOTES

워런 버핏이 큰 재산을 모은 것은
그냥 훌륭한 투자자여서가 아니라
어릴 때부터 훌륭한 투자자였기 때문이다.

워런 버핏은 경이로운 투자자이다.
성공의 진짜 열쇠는
그가 무려 75년 동안 경이로운 투자자였다는 점이다.

- 모건 하우절의 《돈의 심리학》 중에서

6
단계

STEP 6

특별한 1% 부자의 돈 관리 시스템

워런 버핏이 세계 최고의 부자가 된 진짜 열쇠는?

"워런 버핏이 큰 재산을 모은 것은 그냥 훌륭한 투자자여서가 아니라 어릴 때부터 훌륭한 투자자였기 때문이라는 사실이다. 워런 버핏의 순자산 845억 달러 중에서 842억 달러는 쉰 번째 생일 이후에 축적된 것이다. 815억 달러는 그가 60대 중반 이후에 생긴 것이다. 워런 버핏은 경이로운 투자자이다. 그러나 그의 성공을 모두 투자 감각 덕으로만 돌린다면 핵심을 놓치는 것이다. 성공의 진짜 열쇠는 그가 무려 75년 동안 경이로운 투자자였다는 점이다"

《돈의 심리학》의 저자인 모건 하우절이 "당신은 왜 부자가 되지 못했는가"라는 공격적인 질문을 하면서 던진 이야기다. 모건 하우절은 마이크로소프트 창업에 관한 빌 게이츠의 고백에서 부터, LA에서 주차 대행 아르바이트를 하던 시절의 페라리에 얽힌 에피소드, 그리고 워런 버핏의 놀라운 수익률의 비밀까지 '돈의 심리학'에 대해 심층적으로 분석한 월스트리트 기자이다.

모건 하우절, 《돈의 심리학》

TIP

대부분 마음으로는 "돈"과 "부" 그리고 경제적 여유를 갈구하지만, 사실상 부를 축적하기 위한 투자나 재테크의 방법에는 익숙하지 못한다. 때로는 "돈"에 대한 부정적인 생각 때문에 자산증식에는 소홀한 일도 없지 않다. 대표적인 예가 바로 내 자신이다. 하지만 이제부터는 '특별한 1%의 행복한 부자 노트'를 참고삼아 나와 우리 가족이 의미 있게 투자할 수 있는 일을 적극적으로 찾아보고자 한다. 여러분도 실천 프로그램을 이행해 보기를 권한다.

실천 프로그램

어릴 때부터 훌륭한 투자자가 되는 법

1. 내가 당장 투자할 수 있는 일은?
(주식, 부동산, 건강, 행복, 나만의 특별한 성공 프로젝트 등)

2. 나의 가족(자녀 등)에게 투자를 권장할 수 있는 일은?

행복한 부자가 될 수 있는 손정의의 제곱 법칙

이타가키 에이켄의 《손정의 제곱 법칙》은 손정의가 20대에 소프트뱅크를 창업한 이래 인생과 경영의 지침으로 삼아온 '손의 제곱 법칙'을 최초로 해설한 책이다.

15년전 마윈이 갓 창업한 알리바바에 약 235억원을 투자했던 손정의, 그는 2015년에는 국내 1위 소셜커머스 업체인 쿠팡에 1조 1,000억 원을 투자하여 큰 화제를 불러일으킨 바가 있다.

손정의의 제곱 법칙 25문자의 비밀은 무엇인가?

도천지장법(道天地將法): 큰 뜻을 세우는 통찰력을 말한다. 혼자서는 큰 일을 해낼 수 없기 때문에 대의명분이 중요하며, 이를 통해 사람들의 마음을 움직여야 한다는 것이다.

정정략칠투(頂情略七鬪): 비전을 가다듬는 안목이다. 비전을 위해 싸우고, 위기를 최고의 기회로 만들라고 주문한다.

일류공수군(一流攻守群): 반드시 1등이 돼야 살아남는다는 것이다.

지신인용엄(智信仁勇嚴): 진정한 리더라면 소양을 갖춰라고 한다. 리더는 때로 엄격해야 하고, 모두의 행복을 위해 일하라고 충고한다.

풍림화산해(風林火山海): 변화무쌍하게 대처하라는 것이다.

실천 프로그램

손정의의 제곱 법칙 25문자의 비밀 실천하기

도천지장법 - 큰 뜻을 세우는 통찰과 대의명분

____

____

정정략칠투 - 비전을 가다듬는 안목

____

____

일류공수군 - 이기기 위한 전략

____

____

지신인용엄 - 진정한 리더의 소양

____

____

풍림화산해 - 승리를 얻는 전술

____

____

새로운 부의 법칙: 단계별 돈 관리 시스템

롭 무어는 《머니: 새로운 부의 법칙》이라는 저서를 통해 특별한 1% 부자의 5단계 돈 관리 시스템을 다음과 같이 제시한다. '행복한 부자'가 되기 위한 미래의 재정 계획과 4단계 목표를 꼭 한 번 실천해 볼 필요가 있다.

1단계: 돈을 관리해야 한다.

2단계: 미래의 재정 계획을 세워라

1) 빚에서 벗어나라
2) 일일 예산을 짜라
3) 주간과 월간 계획을 짜라
4) 1~3년 계획과 5~10년 계획을 짜라
5) 50년짜리와 유산 계획을 짜라

3단계: 부자가 되기 위한 4단계 목표

1) 안정화 단계: 빚에서 탈출하라
2) 안심 단계: 자산소득을 갖고 소박한 생활이 가능
3) 자유 단계: 자산 소득으로 이상적인 생활을 영위
4) 부유한 단계: 무슨 일이나 할 수 있는 단계

4단계: 지출계획

5단계: 자산과 부채 계획

롭 무어, 《머니: 새로운 부의 법칙》

실천 프로그램

행복한 부자가 되기 위한 나의 4단계 목표는?

1) 안정화 단계: 빚에서 탈출하는 단계

____

____

2) 안심 단계: 자산소득을 갖고 소박한 생활이 가능한 단계

____

____

3) 자유 단계: 자산 소득으로 이상적인 생활을 영위하는 단계

____

____

4) 부유한 단계: 무슨 일이나 할 수 있는 단계

____

____

성공적인 투자자가 되기 위한 기본 원칙	Yes	No
1. 자신이 투자를 하는지 투기를 하는지 직시하라.	☐	☐
2. 돈을 묶어두는 것과 투자하는 것을 구분하라.	☐	☐
3. 돈을 굴리는 데 어떤 방법이 있는지 정확히 파악하라.	☐	☐
4. 현물의 가치는 금전의 가치를 누른다.	☐	☐
5. 위험은 감수할 수밖에 없다.	☐	☐
6. 분산하라.	☐	☐
7. 전문적인 투자가와 일반투자자는 이렇게 다르다.	☐	☐

보도 섀퍼, 《돈》

< 시크릿 노트 >

행복한 부자가 되기 위해서 가장 중요한 것이 '투기'가 아니라 '투자'라는 것이다. 로또 복권 당첨처럼, 주식이나 부동산에 투자하여 단기간에 한방의 성과를 기대하는 것은 '투자'가 아닌 '투기'로 실패하기 쉽다는 것이다. 설령 행운 때문에 성공한다고 하더라도 최종적으로 '행복한 부자의 길'에는 입문하지 못하고, 더 큰 실패를 맞이하게 된다는 경고를 하고 있다. 동서고금을 망라하고, 일순간에 로또복권에 당첨된 벼락부자들의 말로가 크나큰 불행에 빠진 사례를 우리는 너무도 뚜렷이 기억하고 있다. 《돈》에 관한 전문가인 보도 섀퍼는 '행복한 부자가 되기 위해서는 전문적인 투자가가 되기 위해 돈을 굴리는 데 어떤 방법이 있는지 공부하라'라는 충고도 아끼지 않고 있다.

'행복한 부자'가 되기 위한 슬기로운 자산관리 10대 원칙

포스트 코로나 시대를 맞이하여 어떻게 슬기로운 자산관리를 할 수 있을 것인가? 자산이란 될 수 있으면 많을수록 좋겠지만 자신의 의지대로 될 수 없으므로, 가장 중요한 것은 자신의 처지에 맞고 자기 행복을 지킬 수 있는 "행복한 부자가 될 수 있는 자산관리의 원칙"을 설정하는 것이 가장 중요하다.

특별한 1%가 생각하는 행복한 부자가 될 수 있는 슬기로운 자산관리의 10대 원칙은 다음과 같다.

'행복한 부자'가 되기 위한 자산관리 10대 원칙	Yes	No
1. 자신만의 '행복한 부자되기 프로그램' 계획을 수립한다.	☐	☐
2. 자산 현황을 파악하고, 자산관리의 목표를 설정한다.	☐	☐
3, 소득 현황을 파악하고, 적절한 지출이 이루어지도록 한다.	☐	☐
4. 자산관리의 구체적 방법과 플랜을 설정한다.	☐	☐
5. 자산 증식을 위한 다양한 포트폴리오 전략을 수립한다.	☐	☐
6. 부채 등 위험관리를 집중적으로 한다.	☐	☐
7. 내집 마련 계획 및 노후생활의 주거환경에 대비한다.	☐	☐
8. 가용할 수 있는 정보 및 네트워크를 최대한 가동한다.	☐	☐
9. 자산관리에 필요한 교육 및 자격증을 최대한 수료한다.	☐	☐
10. 자산관리에 대한 종합 평가를 하고 새 계획을 수립한다.	☐	☐

실천 프로그램

'행복한 부자'가 되기 위한 자산관리 원칙

1. 자신만의 '행복한 부자프로그램'의 핵심 목표를 설정한다.

____

____

2. 자산 및 부채현황을 상세히 파악한다.

____

____

3. 구체적인 실천과제와 시스템적인 계획을 수립한다.

____

____

4. 시기별로 중간 체크리스트를 통해 시스템을 업그레이드한다.

____

____

5. 가정과 국내외적 상황을 종합적으로 감안하여 대책을 수립

____

____

부자가 되는 첫걸음: 나쁜 부채부터 줄여라

경제지식이 부족하고 금융문맹자로서 20대 초반의 월급쟁이였던 강용수씨는 부자들의 생각습관과 행동습관을 자신의 습관으로 만들어 45세에 120억 자산을 가진 서민갑부가 되었다. 그런 그가 《서민의 부자되기 습관》이라는 저서에서 "부자가 되는 첫걸음은 눈덩이처럼 불어나는 나쁜 부채부터 줄여라"라고 조언한다.

1. 빨리 부자가 되려고 하면 부자가 될 수 없다.
2. 경제-금융문맹자는 가난에서 벗어날 수 없다.
3. 부자가 되기 위해서는 마인드와 공부, 습관이 중요하다.
4. 돈이 나를 위해 일하는 시스템을 만들어라.
5. 부자가 되기 전에 자산을 관리할 시스템을 만들어야 한다.
6. 과거, 현재, 미래의 가계부를 만들라.
7. 자녀에게 물려주고 싶은 부자의 길은 빌 게이츠가 말한 것처럼
   "부모의 응원이 최고의 증여이며 상속이다."
8. 사교육비보다 노후 준비가 우선이다. 100세 시대를 준비하라

주옥같은 특별한 1% 서민 갑부의 시크릿 노트이다.

'120억 서민갑부의 돈이 일하게 하는 습관'이라는 부제를 지닌 이 책에서 저자는 계획소비, 월간 자산 분석을 하는 가정경영에서부터 주식 및 부동산 등 수익형 자산에 투자하는 실전 비밀, 돈을 일하게 해 월급보다 많은 자산소득을 만드는 단계별 시스템까지 저자의 경험에서 나온 실천 지침을 구체적으로 제안한다.

투자 원칙

1) 일회성이 아닌 매달 수익이 나오는 수익형 자산에 투자한다.
2) 수익형 자산들이 효율적으로 운영되는 시스템을 구축한다.

액션 플랜

1) 충동소비를 계획소비로 전환하여 지출을 최대한 줄인다.
2) 월간 가계부와 자산평가서를 작성하며 자산상태를 분석한다.
3) 재무목표를 달성하기 위한 to do 리스트를 작성한다.
4) 종잣돈을 모으면서 투자목표를 설정한다.

강용수, 《서민의 부자되기 습관》

TIP

동서고금을 망라하고 '특별한 1%의 행복한 부자'들은 확실한 목표를 구체적으로 설정하고 그에 따른 계획을 수립, 즉각 행동에 옮길 것을 조언한다. 그중에서도 경제적 부를 얻은 대부분의 CEO들은 저마다의 투자원칙을 세우고, 구체적인 액션 플랜을 가동한다.

과연 여러분은 자산과 부채가 얼마나 되고, 그중에서 투자할 수 있는 종잣돈은 준비되어 있나요? 특히 돈이 불어날 수 있는 시스템은 어떻게 만드실 건가요? 이번 기회에 한 번 작성해 보세요.

부자들의 투자 비법: 40:30:30 분산투자법칙

자산관리연구소 소장으로 기업체 섭외 1순위 재테크 강사인 서기수씨는《부자들의 투자 비법: 40:30:30 분산투자법칙》을 강조한다.

그에 따르면 "부자들은 투자(수익)에 40%, 안정(고정수익)에 30%, 위험대비(긴급 및 장기)에 30% 정도 자산을 분산해서 운용함으로써 위험을 줄이고 수익창출 수단을 다양화하는 전략을 사용한다."고 분석한다. 이를 위해 부자가 되는 단계를 4가지 스텝으로 나누어 소상히 설명한다.

스텝1 - 부자되기 프로젝트 실천

우리 집 부채, 자산, 보험 상황 파악하기

스텝2 - 투자할 수 있는 종잣돈 만들기

스텝3 - 돈의 흐름을 읽는 법

투자의 최대 적은 '아는 사람'이다. 투자의 골든타임을 찾아라

스텝4 - 돈이 불어나는 시스템 만들기

투자하기 전에 투자의 목적부터 세워라

서기수,《부자들의 투자 비법: 40:30:30 분산투자법칙》

실천 프로그램

스텝1 - 부자되기 프로젝트 실천

월간 가계부와 자산평가서를 작성하며 자산상태를 분석한다.

스텝2 - 투자할 수 있는 종잣돈 만들기

재무목표를 달성하기 위한 to do 리스트를 작성한다.

스텝3 - 돈의 흐름을 읽는 법

투자의 최대 적은 '아는 사람'이다. 투자의 골든타임을 찾아라

스텝4 - 돈이 불어나는 시스템 만들기

1) 일회성이 아닌 매달 수익이 나오는 수익형 자산에 투자한다.

2) 수익형 자산들이 효율적으로 운영되는 시스템을 구축한다.

<최종적인 평가 및 개선사항>

자본 없이 콘텐츠로 부자되는 길: 1인 창업

"김도사는 자살을 수천 번 생각할 만큼 지독한 가난에 시달렸다. 작가라는 꿈을 가지고 끊임없이 노력했으나 출판사로부터 500번이 넘게 퇴짜를 맞았다. 거액의 빚을 상속받아 목숨을 걸고 생활 전선에 뛰어들어야만 했다. 권마담 역시 음주로 인한 가정폭력의 불안과 압박감 속에 사춘기를 보내야 했고, 내내 성공과 부를 갈망하며 살았다. 그러나 두 저자는 지금 부부로서 아이 셋과 화목한 가정을 꾸려 행복하게 살아가고 있다."

김도사·권동희, 《부와 행운을 끌어당기는 우주의 법칙》

김도사는 《자본 없이 콘텐츠로 150억 번 1인 창업 고수의 성공 비법 필사 노트》라는 흥미로운 제목의 저서에서 1인 창업가에 대한 예찬론을 이렇게 펼친다. 개인적으로 5년 가까이 1인지식기업을 경영해온 처지에서 크게 공감하는 내용들이다.

- 최고의 직업은 내 경험을 전하는 1인 창업가다.
- 이젠 즐겁게 일하는 자유인이 되어야 한다.
- 부자들은 돈보다 시간에 더 가치를 둔다.
- 부자가 되려면 꼼꼼한 계획을 세운 뒤 많은 자본금을 준비해서 거창하게 실행해야 한다는 잘못된 인식을 하고 있기 때문이다. 금액이 얼마가 되더라도 자신에게 가치가 있다고 판단될 때 거침없이 쓰는 것이다.

1인 창업 고수의 성공 비법

1. 나는 매일 집으로 출근한다.
2. 휠체어 탄 나이 든 부자는 부럽지 않다.
3. 최고의 직업은 내 경험을 전하는 1인 창업가다.
4. 스펙 인생을 졸업하고 스토리 인생을 살아라.
5. 예수님은 성공한 1인 창업가였다.
6. 책을 써서 대중에 '나'를 알려라.

"나는 부의 비밀을 '자동화 시스템'에서 찾았다. 내가 만들 수 있는 자동화 시스템은 나의 분신인 책을 써서 세상에 나를 브랜딩하여 강연과 코칭을 하는 것, 네이버 카페를 개설하여 나의 스토리와 경험, 해결책이 담겨 있는 상품을 파는 것이었다. 지금은 회원수가 2만여명이 되었고, 그동안 1000명의 사람들을 작가, 코치, 강연가로 활동할 수 있도록 도왔다."

김도사, 《자본 없이 콘텐츠로 150억 번 1인 창업 고수의 성공 비법》

< 시크릿 노트 >

나도 시장직을 그만두고 현역에서 은퇴하자마자, 1인 유튜브이자 1인 출판사인 <최성TV>를 개통하고, 집을 사무실로 하여 다양한 형태의 1인 벤처창업을 시작하였다. 무엇보다 희망적인 것은 향후 100세 시대를 맞아 나는 평생 죽을 때까지 집을 '최고의 벤처 기업 전진기지'로 삼아 하고 싶은 일을 할 수 있는 열정과 기반을 구축했다는 점이다.

슈퍼 리치의 서재에서 찾아낸 <비밀노트>

500만 원을 50억 원으로 만든 재테크 고수가 전해주는 슈퍼 리치가 되는 방법이다. 얼마나 실천하고 있는지 체크해 보시라.

슈퍼 리치의 서재에서 찾아낸 <비밀노트>	Yes	No
1. 자유롭게 살고 싶다면 '투자'하라.	☐	☐
2. 실패를 두려워하면 부자가 될 수 없다.	☐	☐
3. 부자가 되려면 내 안의 부자를 깨워야 한다.	☐	☐
4. 부자들의 첫 번째 취미는 독서다.	☐	☐
5. 가장 큰 위험은 아무 투자도 하지 않는 것이다.	☐	☐
6. 부자가 되려면 공포감을 극복하고 자기 사업을 하라.	☐	☐
7. 부자에게는 '한턱내기'가 없다.	☐	☐
8. 아내(가족)의 절약이 집안을 부자로 만든다.	☐	☐
9. 부자가 되는 걸 방해하는 착각으로부터 해방되자.	☐	☐
10. 부의 본능을 깨우는 도구 - 가계부를 쓰자.	☐	☐

브라운스톤, 《부의 본능》

< 시크릿 노트 >

500만 원을 50억 원으로 만든 재테크 고수의 시크릿 노트 중에서 가장 인상 깊은 내용은 '부의 본능을 일깨우는 여러 가지 도구 중에서 가계부 쓰기'였다. 우리도 '행복한 부자가 되기 위한 특별한 가계부'를 당장 써 보자.

IDEAS & NOTES

돈의 액수를 목표로 두지 말자.

그러면 돈의 노예가 된다.

신념과 철학이 있어야 돈을 장악한다.

- 아파테이어, ≪마흔살, 행복한 부자 아빠≫ 중에서

ACTION
PLAN

부의 본능을 깨우는 도구, 가계부 쓰기

CONTENTS

한국퇴직연금개발원, 《행복한 미래를 위한 은퇴 수첩》

나와 가족의 자산 현황

자산현황

	자산 내역 및 시가	비고
1. 유동자산 합계 현금 자유저축예금잔고 적금 적립액 정기예금 적립액 주식 및 채권 시가 펀드 등 투자자산 보험해약환급금		
2. 부동산 자산 합계 전·월세 보증금 거주용 주택 시가 투자용 주택 시가 토지·건물 시가		
총 자산합계(1+2)		

부채현황

	부채 금액	부채 탕감 계획
부채 마이너스 통장 각종 할부금 잔액 신용대출 약관대출 전세자금대출 주택자금대출 카드대금 사채 받아놓은 전·월세 보증금 기타		
부채 합계		

소득·지출 현황 작성법

일정기간 동안의 소득과 지출현황을 파악하기 위하여 1개월 또는 1년 동안의 현금흐름표를 작성하여 본다.

현금흐름표는 일정기간 동안 어디에서 소득이 발생하여 어디에 지출하는지 현금흐름을 파악하여 적절하게 지출을 관리하기 위한 목적으로 작성한다.

현금흐름표가 작성되면 소득·지출이 적절한지를 분석·평가해 본다.

TIP

행복한 부자가 되기 위해서는 자신이 하고 싶은 일을 자유롭게 할 수 있을 정도의 자산은 보유하고 있어야 한다. 특히 건강이 악화되거나 비상 상황이 발생할 때를 대비한 어느 정도의 여유 재원이 마련되어야 한다. 이를 위해서는 자신과 가족들의 정기적인 소득과 지출 현황 등 현금흐름을 정확히 파악하고, 가능하면 월평균 수입을 늘리고, 지출은 줄이는 방법을 구체적으로 찾아보는 훈련이 중요하다.

특별한 1%의 행복한 부자들에 의해서 '부의 본능을 일깨우는 도구'로 평가받는 가계부 작성을 아내와 엄마에게만 맡기지 말고, 우리 스스로가 <현금흐름표>와 <가계부 작성> 그리고 <내 집 마련 계획> 등을 소상히 작성해 보고, 실천에 옮겨 보자.

현금흐름표

월평균 수입		
항목		금액
금융 소득	이자/배당	
	기타	
	소계	
연금 소득	국민연금	
	소계	
임대 소득		
	소계	
기타 소득		
	소계	
수입 합계		

월평균 지출		
항목		금액
고정 지출	부채상환	
	세금	
	소계	
변동 지출	주거관리비	
	식비	
	문화생활비	
	용돈	
	병원비	
	소계	
저축 투자	예적금	
	보험/펀드	
	소계	
지출 합계		

부의 본능을 깨우는 도구 - 가계부 쓰기

	년	1월	2월	3월	4월	5월	6월
	항목	금액	금액	금액	금액	금액	금액
수입	고정수입(월급)						
	연말성과급						
	명절상여금						
	양육수당						
	기타·임시수입						
	합계						
고정 지출	저축						
	보험						
	대출						
	주거						
	세금·공과금						
	통신·TV						
	예비비						
변동 지출	교육(육아)						
	식비						
	생활용품						
	의복미용						
	교통·차량유지비						
	의료						
	여가(가족용돈)						
	기타						
	합계						

	년	7월	8월	9월	10월	11월	12월
	항목	금액	금액	금액	금액	금액	금액
수입	고정수입(월급)						
	연말성과급						
	명절상여금						
	양육수당						
	기타·임시수입						
	합계						
고정 지출	저축						
	보험						
	대출						
	주거						
	세금·공과금						
	통신·TV						
	예비비						
변동 지출	교육(육아)						
	식비						
	생활용품						
	의복미용						
	교통·차량유지비						
	의료						
	여가(가족용돈)						
	기타						
	합계						

내 집 마련 계획

내 집 마련, 막연히 생각만 할 게 아니라 구체적으로 계획을 짜보세요. 내가 몇 년간 안 먹고 안 입고 살아야 하는지가 명백히 드러납니다. 기분 좋게 낸 술값이나 백화점에서 구입한 고가의 옷과는 이제 이별해야 할 시간입니다. 먹을 것 다 먹고 입을 것 다 입고 놀 것 다 논 다음 남는 돈 모아서 내 집 마련하기는 어렵습니다. 방법은 하나. 덜 쓰고 더 모으는 수밖에 없습니다.

내 집을 마련하기 위해 대출을 받을 예정이라면 담보대출 금액이 얼마나 가능한지도 적어보세요. 적당한 대출을 받으면 빠르게 내 집 마련을 할 수 있습니다. 대출이자가 아까울 수도 있지만 우리나라는 대부분의 아파트가 월세보다 대출이자가 저렴합니다. 집주인이 대출이자를 내고도 수익이 남으니까 월세를 받는 것입니다. 수요와 공급의 법칙에 따라 입주 물량이 과다한 지역은 임대료가 급격히 하락하는 타이밍이 있으므로 직접 알아보세요.

김유라, 《2023 내 집 마련 가계부》

TIP

내 집 마련의 계획은 개인이 처한 상황에 따라, 그리고 자신의 자산 규모에 따라 크게 달라질 수 있다. 또 내 집이 마련되었다 하더라도 더 좋은 집으로 이사를 할 수도 있고, 요즘처럼 집값과 전셋값이 큰 폭으로 하락하고 있고, 이자율은 급등하는 상황에서는 기존의 내 집 마련 계획을 종합적으로 재검토해 볼 필요가 있다.

내 집 마련 계획

1. 원하는 아파트 혹은 연립주택 소재지와 이름, 평형을 쓰세요.

2. 기준 날짜와 매매 가격을 쓰세요.

3. 현재 보유한 자산을 쓰세요. 부동산, 임대보증금, 펀드, 저축금액을 저는 자산으로 봅니다.

4. 연 수입을 쓰세요. 1년치 급여명세서를 떼어 월급과 상여금, 명절 보너스, 연차 수당 등은 따로 계산하세요.
이 둘을 합해 연 수입을 산정하면 됩니다.

5. 1년간 저축할 수 있는 금액을 쓰세요.

6. 원하는 집의 매매가에서 보유 자산을 뺀 금액을 쓰세요.

7. 대출 받을 금액을 쓰세요.

8. 총 필요한 돈에서 대출 받을 금액을 빼세요.

①
행복 **동** 이름 **아파트** 25 **평/m²**

② **매매 가격 :** 2022년 9월 기준 4억 5,000만 원

③ **현재 자산 :** 2억 원

④ **현재 수입 :** 연 5,000만 원

⑤ **연간 저축 가능 금액 :** 2,5000만 원

---

⑥ **총 필요한 돈 :** 2억 5,000만 원

⑦ **대출 가능 금액 :** 2억 원

⑧ **내 집 매수 시 필요한 돈 :** 5,000만 원

내 집 마련에 걸리는 기간 2 **년**

내 집 마련까지 몇 년이 걸리는지 쓰세요.
계산은 다음과 같이 합니다.

$$\frac{\text{내 집 매수 시 필요한 돈 (총 필요한 돈 2억 5,000만 원 - 대출금 2억 원)}}{\text{연 저축 (2,5000만 원)}} = 2\text{년}$$

김유라, 《2023 내 집 마련 가계부》

가정을 무덤으로 만드는 빠른 방법인,

잔소리를 하지 마라.

이혼법정으로 가는 빠른 방법인,

남의 결점을 들추지 마라.

- 데일 카네기 《인간관계론》 중에서

STEP 7

1% 최고의 부잣집에서 찾은 행복한 집의 비밀

1% 최고의 부잣집에서 찾은 행복한 집을 만들기 위한 지혜

일본 최고 부자들이 줄을 서는 집 짓기 전문가인 야노 게이조는 《부자의 집》이라는 저서에서 일본의 특별한 1%에 해당하는 수천명의 부자들의 집에서 발견한 '행복한 집을 통한 행복한 부자의 길'을 소상히 안내해 준다.

1. 행복의 이유를 만들어라.
2. 사소한 것도 의논해라.
3. 마음을 끌어들이는 공간을 연출해라.
4. 주변 환경을 내 것으로 만들어라.
5. 돈에 대한 감성을 높여라.

야노 게이조, 《부자의 집》

TIP

포스트 코로나 시대에 접어들면서 집의 중요성은 더욱 커졌다. 비단 가족들의 행복한 생활 공간뿐만 아니라 특별한 1%의 부자들이 많이 추천하는 1인 기업도 집을 벤처기업의 전진 기지로 적극적으로 활용할 수가 있다. 나도 공직을 그만둔 이후 1인 유튜브인 <최성TV>에서부터 아내가 운영하는 1인 기업을 포함하여 행복한 부자가 살아가는 집을 만들기 위해 다양한 노력을 시도하고 있다. 야노 게이조의 《부자의 집》은 이런 창의적 프로젝트에 큰 영감을 주었다.

가족이 행복해지는 집 활용법

야노 게이조가 추천하는 가족이 행복해 지는 집 활용법은 대체로 다음과 같다. 그의 의견에 코로나19 바이러스와의 오랜 전쟁을 치루면서 새롭게 변화된 '포스트 코로나 시대의 새로운 주거와 삶의 형태'에 대한 나의 의견을 추가적으로 반영하였다.

리빙룸 - 사회를 미리 배우는 곳
다이닝룸 - 마음을 열어 소통하는 장소
주방 - 생활의 기본을 배우는 곳
워킹룸과 플레이룸 - 공부하거나 노는 장소
서재 - 독립된 서재보다 가족이 함께 쓰는 공간으로 활용
침실 - 사생활을 지킬 수 있는 공간
아이 방 - 다양한 능력을 키워가는 곳
욕실 - 힐링이 되는 공간
수납 - 문제 해결 능력을 기를 수 있는 곳
현관 - 집의 얼굴

야노 게이조, 《부자의 집》

< 시크릿 노트 >

특별한 1%의 부자들은 한결같이 행복한 가정의 중요성을 돈보다 훨씬 강조한다. 이유는 간단하다. 아무리 많은 돈이 있어도, 부귀영화를 누려도 가정의 행복없이 진짜 부자가 될 수 없다는 지혜를 터득했기 때문이다. 저자의 <코로나 전쟁의 위기를 이겨내는 10가지 비결>의 핵심에도 '행복한 집콕 생활'이 가장 중요하게 자리잡고 있다. 이제부터, 나의 집을 행복한 부자의 집으로 리모델링해보자.

실천 프로그램

가족과 함께 나의 집을 리모델링 해보세요!

세상에서 가장 행복한 나의 집 리모델링 (* 개선할 점)

리빙룸 - 사회를 미리 배우는 곳

다이닝룸 - 마음을 열어 소통하는 장소

주방 - 생활의 기본을 배우는 곳

워킹룸과 플레이룸 - 공부하거나 노는 장소

서재 - 독립된 서재보다 가족이 함께 쓰는 공간으로 활용

침실 - 사생활을 지킬 수 있는 공간

아이 방 - 다양한 능력을 키워가는 곳

욕실 - 힐링이 되는 공간

수납 - 문제 해결 능력을 기를 수 있는 곳

현관 - 집의 얼굴 (집의 가훈을 걸어보라)

행복한 부자가 되는 세 가지 요소

30대에 자수성가한 백만장자 사업가이며 발명가인 엠제이 드마코는 자신이 쓴 《부의 추월차선》에서 "부는 물질적인 소유물이나 돈, 또는 물건이 아니라 3F로 이루어진다. 3F는 부의 3요소로 가족(Family, 관계), 신체(Fitness, 건강), 그리고 자유(Freedom, 선택)를 말한다.

젊어서 부자되는 길, 그리고 부의 비밀을 알려주는 '추월차선 법칙'을 제시하는데, 그 답이 너무도 의외이다.
가장 중요한 것이 가족이고, 그 다음이 신체적 건강이다.

특별한 1%의 행복한 부자들은 이구동성으로 말한다.

건강과 가정에 투자하라.
건강의 씨앗을 뿌리는 지혜로운 자가 되어라.

김진혁, 《행복한 부자로 만드는 황금열쇠》

< 시크릿 노트 >
저자는 '행복한 부자로 만드는 황금열쇠'의 하나로, <건강>과 <가정>에 투자하라! 고 역설한다. 얼핏 보면 너무 상식적이지만, 가장 쉽고도 어려운 비밀 열쇠이다.

⋯› 내가 지켜나가야 할 3가지 부의 요소는? (가족,신체,자유 외)

___

___

행복한 부자가 되기 위한 '나만의 행복' 조건

'나는 나로 살기로 했다'

너무도 평범한 주제의 책이 베스트셀러가 되었다. 왜 일까? 너무도 많은 이들이 '내가 아닌 보여지는 나', '남과 비교하면서 얻어지는 상대적인 만족감'에 빠져, 결국은 상대적 박탈감과 자존감의 상실로 행복으로부터 멀어지게 되기 때문이다. 따라서 '철저히 나는 나로 살아가는 것' '나만의 행복에 관심을 가질 것'에 대한 마인드 콘트롤은 특별한 1% 부자들의 공통된 마인드였다.

1. 힘이 들 땐 힘이 든다고 말할 것
2. 불안하다고 무작정 열심히 하지 말 것
3. 잘 싸우는 법을 배울 것
4. 돈으로 환원되지 않는 나 자신이 될 것
5. 나의 행복에 관심을 가질 것

김수현, 《나는 나로 살기로 했다》

행복한 부자로 살아가는 나만의 버킷리스트를 실천해봐야겠다.

< 시크릿 노트 >

나는 나로 살면서 행복해 지는 방법은 뭘까요?

부자 가족으로 가는 미래설계

《부자 가족으로 가는 미래설계》의 저자는 이영권씨는 '돈 앞에 당당한 경제자유인 프로젝트'를 선언하면서 "주가를 관리하듯 가족행복도 관리하라"면서 다음과 같은 흥미로운 제안을 한다.

행복한 가정은 투자 가치가 높다.
신나는 직장처럼 신나는 가정이 필요하다.
가족에게 편지를 써라.
부동산보다 든든한 자녀교육에 투자하라.
자녀들에게 인맥 만들기를 가르치고, 그것을 지원하라.
어린이 경제신문을 읽게 하라.
자녀의 미래가 당신의 노후설계이다.

행복한 부자가족으로 가는 미래설계에 있어 자녀가 어릴 적부터 경제신문을 읽도록 하고, 부동산보다 자녀교육에 더욱 신경쓰라는 조언은 매우 시의 적절한 제안이다.

TIP

개인적으로 '행복한 부자'가 되는 것은 물론 가족 모두가 행복하기 위해서는 어떤 노력이 필요할까? 무엇보다도 먼저 가족 모두가 함께 모여 행복한 부자 가족으로 가는 우리 집의 미래를 설계해 보는 것이 필요할 것이다. 가족의 건강, 일자리, 행복, 그리고 가족 구성원 개개인이 추구하는 핵심적인 목표 실현을 위해 서로 사랑하고 응원해주는 것이 가장 큰 힘이 될 것이다.

실천 프로그램

행복한 부자가족으로 가는 우리 집 미래 설계는?

1. 나의 미래 설계

2. 나와 배우자의 미래 설계

3. 자녀(혹은 부모)의 미래 설계

데일 카네기의 가정생활을 행복하게 만드는 7가지 비결

세계에서 가장 권위있는 리더쉽 이론가인 데일 카네기는 행복한 가정을 유지하는 7가지 비결중에서 놀랍게도 <잔소리 하지 말 것>과 <균형적인 성 생활>을 강조하한다. 어쩌면 너무 사소해 보이는 부부관계의 불편사항지만, 카네기는 이 두가지 문제가 부부관계를 파탄으로 몰아가는 가장 큰 요인이자, 행복한 가정생활의 열쇠로 강조한다.

① 가정을 무덤으로 만드는 빠른 방법, 잔소리하지 마라
② 장점을 인정하라
③ 이혼법정으로 가는 빠른 방법, 남의 결점을 들추지 마라
④ 왜 칭찬하지 않는가
⑤ 작은 관심을 표현하라
⑥ 예의를 갖춰라
⑦ 가정 불화의 최대 난관은 성적 불화다

데일 카네기, 《인간관계론》

특히 카네기는 "이혼문제에 관한 권위자들은 하나같이 성생활의 균형을 유지하는 것이 결혼생활에 꼭 필요하다고 말한다"고 강조하다.

< 시크릿 노트 >

여러분은 카네기의 7가지 비결에 동의하십니까? 동의 여부를 떠나 여러분의 아내와 남편에게 잔소리는 얼마나 하고 있으며, 성 생활의 균형을 위해서는 어떤 노력을 기울이고 계신가요? 한번 체크해 보세요.

실천 프로그램

카네기의 가정생활을 행복하게 만드는 <잔소리 하지 않기> <배우자의 단점 들추지 않기>를 실천할 방법은 무엇이 있을까요? 부부간에 한 번 작성해 보시죠?

1. 남편이 아내에게 한 잔소리(남편 작성)

____

____

____

2. 아내가 남편에게 한 잔소리(아내 작성)

____

____

____

3. 행복한 가정을 위한 부부의 약속(아내와 남편의 대화를 통한 합의 작성)

____

____

____

'행복한 부자'가 되기 위한 '행복한 부부 10계명'

'행복한 부자'가 되기 위해서는 무엇보다 먼저 부부가 함께 '행복'하고 '부자'가 되어야 한다. 세상에는 불행한 부부관계이면서 행복한 부자가 된 경우는 거의 없다. 따라서 행복한 부자 프로그램의 핵심에는 행복한 부부관계의 토대위에서 행복한 가정이 필수적으로 요구된다.

'행복한 부자'가 되기 위한 '행복한 부부 10계명'	Yes	No
1. 배우자가 서로 역지사지하는 마음으로 상호 존중한다.	☐	☐
2. 가사노동을 분담하며, 아내의 사회 생활을 적극 돕는다.	☐	☐
3. 버킷리스트를 작성하여 부부만의 즐거운 시간을 갖는다.	☐	☐
4. 각자 하고 싶은 일은 마음껏 하고, 상호 지원한다.	☐	☐
5. 자녀의 행복이 곧 부부의 행복이다.	☐	☐
6. 친구같고 연인같은 부부관계를 유지한다.	☐	☐
7. 처가와 시댁을 상호 배려한다.	☐	☐
8. 남편과 아내의 역할을 서로 바꿔본다.	☐	☐
9. 서로 칭찬해준다. 단 불편하고 예민한 대화도 소통한다.	☐	☐
10.냉전은 있어도 전쟁은 없다. 부부가 싸워도 한 방을 쓴다.	☐	☐

< 시크릿 노트 >

당신의 부부생활은 몇 점인가요? 당신 스스로의 점수, 배우자에 대한 점수는 몇 점인가요? 재미삼아 테스트 해 보세요.

실천 프로그램

우리 부부의 <행복한 부부 10계명 만들기>

	행복한 부자가 되기 위한 우리 부부의 10계명
1	
2	
3	
4	
5	
6	
7	
8	
9	
10	

< 작성시 유의사항 >

우리 부부의 10계명인 만큼, 서로 상의해서 작성해 봅시다. 각자가 생각하는 수칙을 정리하고 이를 종합정리하면 아주 행복한 부부 10계명이 될 것입니다.

부부와 가족 간에 상호 소통을 위한 대화 주제

(부부용/ 자녀용 / 부모용)

부부와 가족 간에 상호 소통이 가장 필요한 대화 주제는 무엇인가요? 체크해 보세요. 하나의 주제를 정하여 솔직한 대화를 나누어 보세요. 예상치 않은 비밀의 문이 열릴 것입니다.

돈 ☐ 건강 ☐ 행복 ☐ 사랑 ☐

직업(일자리) ☐ 부부관계 ☐ 대인관계 ☐

종교 ☐ 시댁/처가/친척 ☐ 성 ☐

은퇴 ☐ 죽음 ☐ 자녀 ☐ 취미생활 ☐

기타 주제 ☐

< 시크릿 노트 >

부부관계 및 행복한 가정을 위해서 적절한 주제를 선택하여, 정기적으로 소통을 해 보거나 사랑의 편지를 교환해 보시라.

부부 싸움의 10가지 요령
- 우리 부부는 잘 싸우고 있는가?

아내와 함께 오랜 동안 참여하는 부부모임에서 배우고 고쳐나가고 있는 10가지 부부소통법이다. 쉽지는 않지만, 반드시 실천해야 할 부부 싸움의 10가지 요령이다.

부부 관계를 성장시키는 부부 소통법

1. 배우자의 의견을 경청하라
2. 흥분해서 감정적인 표현을 하지말라
3. 비평하기 보다는 배우자의 감정을 잘 읽으라
4. 모독하는 말을 하지 말라
5. 배우자 탓을 하지말라
6. 끝장을 보기 위해 논쟁하지 말라
7. 삼자를 개입시키지 말라
8. 이기려고 싸우지 말라
9. 때로는 배우자에게 사랑의 편지를 쓰라
10. 부부관계를 발전시키는 방향으로 대화하라

시크릿 러브 레터 (Secret Love Letter)

배우자에게 쓰는 사랑의 편지(Love Letter)
쓰고 난 이후 서로 바꿔 읽으면서 진실된 소통을 해 보시라.
(때로는 부모와 자녀간에도 사랑의 편지를 교환해도 좋습니다)

1. 남편이 아내에게

2. 아내가 남편에게

3. 사랑의 편지를 교환한 이후의 느낌

부자 엄마를 만드는 법칙

29년 부동산 투자로 50억 자산가가 된 부자 엄마인 권선영씨가 《부자 엄마 투자수업》이라는 저서를 통해 전하는 부자엄마를 만드는 열두 가지 법칙이다.

부자 엄마를 만드는 법칙

1. 인생의 로드맵을 그려라.
2. 스스로 결정하라.
3. 교육에 돈을 아끼지 마라.
4. 부자를 만나야 부자가 된다.
5. 빚 없는 투자는 힘들다.
6. 멘토의 도움을 받아라.
7. 제대로 된 습관을 들여라.
8. 관계, 시간, 공간을 정리 정돈하라.
9. '엄마'로서 내가 처한 상황은 어떤가를 파악하라.
10. '행복한 부자 엄마'로서의 최종적인 꿈은 무엇인가 생각하라.

권선영, <부자엄마 투자수업>

< 시크릿 노트 >

행복한 부자 엄마가 되기 위해 나에게 가장 필요한 것은 무엇일까요?

성공한 여성들이 갖는 15가지 원칙

오프라 윈프리, 마돈나, 테레사 수녀부터 세계 유명 기업의 여성 CEO까지 부와 명성을 손에 쥔 여성들은 나폴레온 힐의 성공 법칙을 실천하였음을 밝히고 있다. 샤론 레흐트는 《생각하라! 그러면 부자가 되리라》에서 유리천장을 깨며 부와 성공으로 가는 여성의 길을 다음과 같이 제시하였다.

성공한 여성들이 갖는 15가지 원칙

1. 간절한 바람 2. 구체적인 계획 3. 믿음
4. 믿음을 토대로 한 자기암시 5. 특화된 지식
6. 상상력 7. 주저하지 않는 결정력
8. 고난에도 목표를 실행하는 인내심 9. 팀원과의 협동심
10. 성적 에너지 전환 11. 잠재의식
12. 식스 센스 13. 두뇌 14. 두려움 극복
15. 균형적인 삶

샤론 레흐트, 《생각하라! 그러면 부자가 되리라》

특히 12번째 식스 센스에 대해 나폴레온 힐은 '창조적 상상력' 혹은 '예감'이라고 부른다. 직감은 결정할 때 암묵적 지식이 만들어질 수 있게 하는 방법이다. 구체적인 예로 여성들이 종종 "그런 느낌이 들었어"라고 말할 때 이 말을 들은 남성들은 웃으면서 그 느낌에 대한 사실적 근거를 대라고 말한다는 비유를 든다.

13번째 여성의 두뇌는 남성보다 더 효율적이고 강한 연대감을 이루어내고 있고, 15번째 균형적인 삶은 여성들이 감당하고 있는 양육, 가사노동 등을 망라한 것을 말한다.

실천 프로그램

성공한 여성들이 갖는 원칙: 나는 성공한 여성의 자질이 있는가?

1. 당신의 간절한 바람은?

---

2. 구체적인 계획은?

---

3. 당신의 믿음과 믿음을 토대로 한 자기암시는?

---

4. 특화된 지식은?

---

5. 상상력과 주저하지 않은 결정력은?

---

6. 고난에도 목표를 실행하는 인내심

7. 팀원과의 협동심

8. 성적 에너지 전환과 잠재의식

9. 식스 센스 (창조적 상상력 혹은 예감)

10. 두뇌와 두려움 극복 그리고 균형적인 삶

"공부의 신이 죽어도 지키는 공부 습관"

다양한 공부법 중에서 큰 반향을 일으킨 사례 중의 하나가 "공부의 신"이라는 별명을 얻은 강성태씨의 <66일 공부법>이다.

강성태씨는 이 66일 공부법을 통해 지금까지 수많은 학생들의 성적을 완전히 바꿔 놓았다고 자평한다. 그 결과 강성태의 66일 공부법을 알려주는 유튜브 채널은 1억 7천만 뷰, 시청시간 11억분, 구독자 수는 100만명에 육박한 바 있다고 자평한다.

그런 경험을 공유하면서 "강성태의 66일 공부법" 중에서 '공신이 죽어도 지키는 33가지 공부 습관'을 읽으며 크게 공감하는 10가지를 우선순위대로 추출해 보았다. 공부 잘하는 자녀도 부모 입장에서는 사실 큰 행복이다.

공신이 죽어도 지키는 공부 습관	Yes	No
1. 내가 공부해야 하는 이유를 생각하면서 공부한다.	☐	☐
2. 나에게 맞는 새로운 공부법을 찾아가면서 한다.	☐	☐
3. 공부가 잘되는 시기에 중요하거나 어려운 공부를 한다.	☐	☐
4. 새 습관을 만들기로 마음먹고 실제로 만들었던 적이 있다.	☐	☐
5. 매일 예습 혹은 복습하는 타이밍을 지킨다.	☐	☐
6. 순수 공부 시간을 측정해 본 적이 있다.	☐	☐
7. 공부에 지쳤을 때 휴식하거나 힐링하는 방법이 있다.	☐	☐
8. 공부에 자극을 주는 동료 혹은 라이벌이 있다.	☐	☐
9. 교재나 노트에 중요한 부분이 한눈에 보이게 표시돼 있다.	☐	☐
10. 시험이 끝난 후 틀린 문제의 원인을 분석한다.	☐	☐

강성태, 《강성태 66일 공부법》

'공신이 죽어도 지키는 공부 습관'
66일의 성공플랜

핵심 목표:

주요 실천과제 (1)

(2)

(3)

실행자: 본인 / 배우자 / 가족 착수일: 년 월 일

1	2	3	4	5	6	7
8	9	10	11	12	13	14
15	16	17	18	19	20	21
22	23	24	25	26	27	28
29	30	31	32	33	34	35
36	37	38	39	40	41	42
43	44	45	46	47	48	49
50	51	52	53	54	55	56
57	58	59	60	61	62	63
64	65	66	D+1	D+2	D+3	D+4

'디지털 성범죄 안전수칙' 및 체크리스트

자녀들이 스마트폰을 통한 소셜 미디어의 정보에 과도하게 노출된 상황에서 자녀와 함께 최근 논란이 되는 '디지털 성범죄 안전수칙'에 대해 허심탄회한 토론을 하는 것도 의미가 있다.

그뿐만 아니라 가족들이 함께 모여 올바른 성교육을 통해 "성"의 문제가 자녀들에게 무조건 터부시하며, 관리 감독되는 대상이 아니라, 적극적인 차원에서 사랑과 행복의 관점으로 접근할 수 있도록 가정 내에서의 성교육 대화가 이루어져야 할 것이다.

최근 성범죄는 비단 자녀들의 디지털 성범죄뿐만 아니라, 직장 내 성희롱과 성추행 등 각종 성범죄 문제가 심각하기 때문에 이에 대한 가정 내 소통이 필수적으로 요구된다. 많은 경우 잘못된 성범죄 및 성평등에 대한 인식으로 크게 사회문제로 비화하는 경우를 보게 된다.

우측의 체크리스트 내용은 여성가족부를 비롯하여 저자가 고양시장 재직 시절 다양한 성교육 전문가들로부터 교육받은 내용을 종합하여 작성한 것이다.

TIP

오랫동안 공직 생활 속에서 현장에서 얻은 경험은 많은 공직자들과 시민들이 '디지털 성범죄'를 포함해서 '성추행' ' 성희롱' 등 '성범죄'의 문제에 대한 인식이 매우 부족하다는 사실이다. 학교와 직장에서 그리고 가정 내에서 '디지털 성범죄에 대한 안전 수칙'은 물론 '성범죄 예방'에 대한 교육 그리고 '성평등'에 대한 올바른 인식 확대를 위한 사전 체크리스트 작업이 꼭 필요하다.

가정 내 '디지털 성범죄 안전수칙' 체크리스트	Yes	No
1. 평소 "성"(性) 문제에 대해 가족간에 자유롭게 소통한다.	☐	☐
2. "디지털 성범죄 위험성"도 함께 소통한다.	☐	☐
3. 자녀의 온라인 활동에 관심을 갖고 충분한 대화를 나눈다.	☐	☐
4. 개인 정보를 온라인에 전송하지 않도록 알려준다.	☐	☐
5. 불법 촬영 등 성범죄 위험성에 대해 알려준다.	☐	☐
6. 모르는 사람이 개인 정보를 물으면 알릴 것을 당부한다.	☐	☐
7. 성범죄 피해사실을 알았을 때 피해자 잘못이 아님을 알려주고 지지해준다.	☐	☐
8. 가족이나 지인의 피해사실을 알았을 때 전문기관에 도움을 요청한다.	☐	☐
9. 다양한 성범죄에 대한 전문가 상담 및 교육 프로그램을 이수한다.	☐	☐
10. 가장 중요한 것은 행복한 부부와 가족관계를 몸소 실천하는 것이다.	☐	☐

< 시크릿 노트 >

가정 내 디지털 성범죄뿐만 아니라 요즘 사회적 이슈가 되는 성희롱, 성추행 등 각종 성범죄의 실태 및 예방법에 대해서 주제를 정하여 가족 간에 소통을 반드시 해 보세요.

'사회적 연대활동'을 위한 10대 수칙

특별한 1%의 부자들은 경제적 부보다도 가정의 행복과 자신이 소속한 공동체와의 나눔과 연대의 중요성을 강조한다. 자신의 가치를 실현하고 다양한 인간관계를 통해서 고립감과 우울감을 해소하는 것은 물론 사랑과 나눔의 실천을 통해 '행복한 부자'에 더욱 근접할 수 있다는 조언을 아끼지 않고 있다. 그렇다면 '사회적 연대활동'은 어떻게 추진하는 것이 바람직할까?

'사회적 연대활동'을 위한 10대 수칙	Yes	No
1. 사회적 연대활동의 목표 및 방향을 정한다.	☐	☐
2. 기본 목표에 따른 구체적 활동 계획을 수립한다.	☐	☐
3. 행복한 부자가 되기 위한 사회적 연대활동과 연계한다.	☐	☐
4. 가족과 행복한 시간을 가질 수 있는 집콕생활을 준비한다.	☐	☐
5. 배우자와의 관계에서 철저히 가사노동을 분담한다.	☐	☐
6. 가족·친지들과의 소통의 시간을 대폭 늘린다.	☐	☐
7. 마을 공동체 활동 등 이웃과의 관계를 확대한다.	☐	☐
8. 나의 가치와 직업과의 연관성을 감안하여 추진한다.	☐	☐
9. '적절한 수준의 SNS 활동'을 적극적으로 한다.	☐	☐
10. 사회적 연대활동을 평가하고, 업그레이드 시킨다.	☐	☐

< 시크릿 노트 >

사회적 연대활동의 강화를 위해서는 자신의 취미와 적성에 맞는 동호회 활동과 더불어 은퇴 후 행복한 노후를 위해 필요한 전문성을 키우기 위해 사회적 기업이나 협동조합 등과 정보 교류 및 친목도모를 활성화할 필요도 있다.

실천 프로그램

나의 사회적 연대활동 계획

1. 지역공동체

2. SNS 활동

3. 대외 활동(전국적 네트워크)

4. 국제적 연대

건강하고 행복한 100세 시대 5가지 필수사항

100세 시대를 맞아 우리는 무엇을 어떻게 준비할 것인가? 이에 대해서는 오랫동안 경영컨설팅 회사를 운영하면서 《시스템 경영 기업의 성공》의 저자이자 대한민국 시스템경영 컨설턴트 1호를 자임하는 박주관 박사가 쓴 글이 매우 현실에 유용해 보인다. 박주관 박사가 제시한 100세 시대 필수사항 5가지를 정리해 보면 다음과 같다.

100세 시대 필수사항 5가지, 과연 무엇인가?

첫째, 100세 시대 '건강'이 최우선이다. '건강'하지 못한 상태에서 100세를 살면 그 삶은 행복이라기보다는 고통이 될 것이다. 우선 건강 관리를 제대로 하기 위하여 건강 관리 시스템을 만들어야 한다. 건강관리 시스템이란 피곤하고 힘들어도 하지 않으면 안 되게 만드는 것이다. 다음은 건강 관리를 위한 실천이 필요하다. 본인이 실천 가능한 방법을 총동원해서 운동을 실천해야 한다.

둘째, 100세 시대 '희망'이 있어야 한다. '희망'이 없기 때문에 우울증에 걸리기도 하고, 자살의 충격도 받게 된다. 100세 시대에 '희망'을 갖고 살아가기 위해서는 우선 긍정적 사고를 가져야 한다. "나는 무엇이든 할 수 있어.", "결코 포기하지 않을 거야." 등 적극적인 자세로 살아가야 한다. 다음은 꾸준히 자기 계발에 힘써야 한다. 자기 계발에 가장 좋은 방법은 지속적인 독서다. '일신우일신'의 자세로 변화 혁신에 게으름이 없어야 한다. 젊은 세대만큼은 아니지만 SNS, 스마트폰 기능을 익히는 일도 게을리 해서는 안 된다.

셋째, 100세 시대 '일'이 있어야 한다. 여기서 '일'이라 하면 광의의 일을 말한다. 첫째는 수입이 생기는 일을 갖고 있어야 한다. 둘째는 시간을 보낼 수 있는 취미나 활동이 있어야 한다. 은퇴 이후에 수입을 만드는 일은 재취업이든 창업이든 결코 쉽지 않다. 결론적으로 가장 좋은 수입 창출 방법은 프로랜서(프로페셔널+ 프리랜서), 1인기업, 공동 창업이 대안으로 떠 오른다.

넷째, 100세 시대 '돈'이 있어야 한다. 여기서 '돈'의 개념은 첫째로 국민연금과 같이 죽을 때까지 고정적으로 들어오는 수입을 말한다. 둘째는 퇴직연금, 개인연금, 주택연금 등 시스템을 통해 매월 고정적으로 들어오는 연금형 수입이다. 셋째는 '일'을 통해 들어오는 수입이다. 넷째는 돈이 돈벌게 하는 시스템을 통해 들어오는 투자 수입이다.

다섯째, 100세 시대 '인간관계'가 원만해야 한다. 100세 시대 '인간 관계' 중 첫째로 가장 중요한 인간관계는 부부간의 인간관계다. 둘째는 자녀 및 가족 간의 인간관계다. 셋째는 친구 간의 인간관계다. 넷째는 함께 시간을 보낼 수 있는 동호회 모임이다.

박주관."100세 시대 필수사항 5가지, 못 갖추면 불행한 노후가 기다린다". 개인블로그, 2023년 1월 26일, https://success-rich.tistory.com/m/73

TIP

나의 건강하고 행복한 100세 시대를 위해 가장 필요한 사항은 무엇일까? 건강인가? 행복인가? 일인가? 아니면 돈인가? 인간관계인가? 이에 대해 자문자답을 하면서 행복한 노후를 위한 준비를 미리 해보자. 젊은 MZ 세대라도 미래를 위한 준비는 빠를수록 좋다.

은퇴 부부와 행복한 노후를 위한 특별한 준비

은퇴, 그것은 새로운 제2의 인생을 창조할 수 있는 기회이다. 은퇴는 자신을 재정립하고, 자신의 가치를 재발견하며, 직함을 대신할 새로운 정체성을 만들 수 있는 놀라운 기회이다. 퇴직 후의 인생이 오히려 '내 삶의 르네상스'의 시기가 될 수도 있다. 따라서 '100세 인생 시대'를 맞이하여 행복한 노후를 멋지게 설계할 필요가 있다.

2022년 3월말 기준 가구주의 예상 은퇴 연령은 68세이며, 실재 은퇴한 연령은 62.9세로 나타났다. 가구주가 은퇴하지 않은 가구 (83.1%) 중 가구주와 배우자의 노후 준비상황이 '잘 되어 있는 가구'는 8.7%, '잘 되어 있지 않은 가구'는 52.6%였다. 가구주가 은퇴한 가구 중 생활비 충당 정도가 '여유 있는 가구'는 10.3%이며, '부족한 가구'는 57.2%로 나타났다.

보험개발원 은퇴시장 리포트(연합뉴스.2021.1.11.)에 따르면, 4050세대의 경우 "은퇴부부의 경우 월 최소 227만원이 필요"하며 노인의 67%는 "금전도움 받을 상대가 없다"고 한다. 그리고 예상 자녀 교육비는 평균 6천989만원이며, 예상 자녀 결혼비용은 평균 1억194만원에 달했다. 노후에 필요한 '최소 생활비'는 부부 평균 227만원, 1인 평균 130만원에 달했다. '적정 생활비'는 부부 평균 312만원, 1인 평균 183만원이었다.

한편 4050세대는 은퇴의 단점으로 경제적 어려움(31.1%)을 가장 많이 꼽았고, 건강악화 및 장애(17.1%), 무료함(16.5%) 등이 뒤를 이었다.

<행복한 은퇴생활을 위한 사전 체크리스트>를 작성해 보자.

행복한 은퇴생활을 위한 사전 체크리스트

데이버 휴즈는 《이제 은퇴해도 될까요?》라는 저서를 통해 은퇴 생활을 위한 준비에 대한 소상한 가이드 라인을 다음과 같이 소개해 준다.

행복한 은퇴생활을 위한 사전 체크리스트	Yes	No
1. 당신은 어떤 성향의 은퇴자인가	☐	☐
2. 새로운 정체성을 만들어라	☐	☐
3. 자신의 하루를 설계하라	☐	☐
4. 꿈꾸는 은퇴생활을 위해 무엇을 바꾸겠는가	☐	☐
5. 그리고 무엇을 놓을 것인가	☐	☐
6. 은퇴 후에도 시간관리는 필요하다	☐	☐
7. 외로움을 느끼지 않기 위해 할 일을 생각하라	☐	☐
8. 은퇴를 위해 사전에 충분한 정보를 파악하라	☐	☐
9. 재정적인 계획은 수립되었는가	☐	☐
10. 행복한 은퇴생활의 최종 목표는 무엇인가	☐	☐

데이버 휴즈, 《이제 은퇴해도 될까요?》
- 8 항부터 9항까지는 저자가 추가한 것이다.

실천 프로그램

나의 노후생활 준비: 은퇴 생활을 위한 준비

1. 새로운 정체성을 만들어라. (퇴직이후 내가 원하는 삶)

2. 당신은 어떤 성향의 은퇴자인가 (퇴직 이전의 전문성)

3. 자신의 하루를 설계하라 (은퇴 후 시간관리)

4. 꿈꾸는 은퇴생활을 위해 무엇을 먼저 바꾸겠는가

5. 꿈꾸는 은퇴생활을 위해 무엇을 놓을 것인가?

6. 건강관리

7. 행복관리(외로움을 느끼지 않기 위해 할 일)

8. 재정관리

9. 은퇴 후에도 시간관리는 필요하다

10. 은퇴 후 노후생활의 최종 목표

ACTION PLAN

은퇴자를 위한 실천 프로그램

CONTENTS

한국퇴직연금개발원, 《행복한 미래를 위한 은퇴수첩》

은퇴 이후 행복한 노후를 위한 SWOT분석

나의 장점과 단점, 기회와 위험은 무엇일까요?

장점	단점
기회	**위험**

은퇴 후 주거계획을 세워보세요.

구분	검토 사항	체크
주거 형태	① 살던 집에서 계속 거주	
	② 전원주택	
	③ 실버타운	
	④ 귀농귀촌 검토 사항	
	⑤ 해외은퇴 이민	
주거 시설 (유니버설 디자인)	① 문턱은 높지 않은지?	
	② 계단은 가파르지 않고 안전손잡이는 있는지?	
	③ 욕실에 미끄럼 방지시설이 있는지?	
위치 선정	① 주변은 안전한지?	
	② 습기가 많지 않고 날씨는 따뜻한지?	
	③ 병원은 가까운지?	
	④ 대중교통은 이용하기 편리한지?	
	⑤ 이웃과 왕래할 수 있는 곳인지?	
	⑥ 귀농귀촌 시 가족들의 반대는 없는지?	

은퇴 후 하고 싶은 버킷리스트 적어보세요.

하고 싶은 일	필요 요건

적정한 생활비가 확보되어 있는지 확인해보세요.

현금흐름표

월평균 수입		
항목		금액
금융 소득	이자/배당	
	기타	
	소계	
연금 소득	국민연금	
	소계	
임대 소득		
	소계	
기타 소득		
	소계	
수입 합계		

월평균 지출		
항목		금액
고정 지출	부채상환	
	세금	
	소계	
변동 지출	주거관리비	
	식비	
	문화생활비	
	용돈	
	병원비	
	소계	
저축 투자	예적금	
	보험/펀드	
	소계	
지출 합계		

<죽기 전에 꼭 하고싶은 10가지 버킷 리스트>

	본인	실행계획 (장소, 시기, 동반자 등)
1		
2		
3		
4		
5		
6		
7		
8		
9		
10		

가족 및 지인과 함께 떠나고 싶은 힐링 여행계획

핵심 목표:

주요 실천과제 (1)

(2)

(3)

실행자: 본인 / 배우자 / 가족 착수일: 년 월 일

	본 인	배우자/자녀/부모	실행계획(시기 등)
1			
2			
3			
4			
5			
6			
7			
8			
9			
10			

유언장 미리 써 보기

은퇴 후에 해야 할 일 중에 하나는 사후에 행복한 가정이 유지되기 위해서 유언장을 만들어 보는 것이다. 유언을 남기는 방법은 자필증서, 녹음, 공정증서, 비밀 증서, 구두 증서가 있다.

하지만 실재 법적 효력이 있는 유언장을 쓰기 전에 행복한 노후를 위해 비단 재산상의 증여 차원을 넘어서서 자녀들을 위한 가상의 유언을 남기는 것도 의미가 있을 것이다.

일반적으로 유언장 작성의 예시는 다음과 같다.

유언장 내용	필수사항
유언장 **유언자: 홍길동** **생년월일:**	**성명**
주소: 전화:	**현주소**
유언사항 **1. 나는 다음과 같이 유언합니다.** **가. 재산의 유증** **나. 기타 사항(가족에 대한 유언)**	**전문**
작성일자 : **유언자 성명　홍 길 동 (인)**	**작성일 날일 또는 무인**

유언장을 작성해 보세요.

특별한 1%의 부자들은 이구동성으로 말한다.

건강과 가정에 투자하라.

건강의 씨앗을 뿌리는 지혜로운 자가 되어라.

- 김진혁《행복한 부자로 만드는 황금열쇠》중에서

8
단계

STEP 8

행복한 부자의 건강 관리 비법

가족 건강관리 10대 원칙

건강을 잃은 상황에서 어떤 목표가 실천 가능할까? 아무리 부귀영화를 얻는다 하더라도 건강은 잃은 상황에서 무슨 의미가 있는가? 궁극적으로 포스트 코로나 시대의 건강한 생활을 위한 기본원칙은 어떠해야 할 것인가?

포스트 코로나 시대, 가족 건강관리 10대 원칙	Yes	No
1. 포스트 코로나 시대의 새로운 건강관리의 원칙을 정한다.	☐	☐
2. 가족의 신종 감염병의 예방을 위해 철저히 노력한다.	☐	☐
3. 정기검진을 통해 건강상황을 정기적으로 체크해 나간다.	☐	☐
4. 육체적 건강 못지않게 정신건강을 위해 노력한다.	☐	☐
5. 단기 및 중장기 플랜을 통해 가족 건강을 꾸준히 관리한다.	☐	☐
6. 균형잡힌 식단에 따라 적절한 영양관리를 한다.	☐	☐
7. 유산소 운동을 통해 근력을 키우고 면역력을 강화시킨다.	☐	☐
8. 기저질환 등 위험 요소를 특별 관리한다.	☐	☐
9. 가족이 복용하는 약을 최대한 줄이도록 건강에 유념한다.	☐	☐
10. 장기간 내 몸 만들기 프로그램을 지속적으로 추진한다.	☐	☐

< 시크릿 노트 >

나와 우리 가족의 건강 관리를 위해 가장 시급한 것은 무인인가?

실천 프로그램

우리 가족의 가장 중요한 건강관리 원칙과 당면 과제

	우리 가족의 가장 중요한 건강관리 원칙
1	
2	
3	
4	
5	
6	
7	
8	
9	
10	

질병관리본부의 코로나19 증상 및 예방법

코로나19 바이러스가 국내는 물론 국제적으로 소강 국면에 접어들었지만, 오미크론 변이바이러스와 원숭이 두창 바이러스 등 각종 신종 감염병이 '계절병'화 돼서 우리들의 건강을 위협하기 때문에 항상적인 준비가 필수적으로 요구된다. 2023년 2월 현재 한국 질병관리본부가 제시하고 있는 코로나 19 증상 및 예방법이다. 여전히 국민건강을 위협하는 위험한 바이러스임은 분명하기 때문이다.

코로나19에 감염되었을 때 증상은 무증상·경증부터 중증 질환까지 다양하다. 증상은 바이러스에 노출된 후 1~14일(평균 5~7일) 이내에 나타날 수 있다. 코로나19 주요 증상은 발열 또는 오한 / 기침 / 숨가쁨 또는 호흡곤란 / 피로 / 근육통 또는 몸살 / 두통 / 미각 또는 후각 상실 / 인후염 / 코막힘 또는 콧물 / 메스꺼움 또는 구토 / 설사 등이다. (* 이외 다른 증상이 가능)

코로나19 감염 예방을 위해서는 백신 접종과 감염 가능성을 낮추는 아래의 방법이 최선이다. 다른 사람과 거리를 1m 이상 유지하기, 코와 입에 잘 맞는 마스크 착용하기, 주기적으로 환기하기, 자주 손 씻기, 기침 예절 지키기, 백신 접종하기 등이다.

코로나19 감염 시 중증 위험이 높은 것으로 보고되는 대상은
고령자, 심장질환, 폐질환, 당뇨병 등 중증 기저질환이 있는 분이다.

가정 내 신종 감염병 예방을 위한 가장 중요한 10대 수칙

'포스트' 코로나 시대를 준비하면서 가장 우선시해야 하는 수칙이 있다. 그것은 다름아니라 내 자신과 우리 가정의 '코로나19 바이러스와 같은 신종 감염병을 예방하기 위한 철저한 방역 수칙의 준수'이다.

<가정 내 신종 감염병 예방을 위한 10대 수칙>	Yes	No
1. 개인 증상 체크(발열 등)	☐	☐
2. 가족 내 증상 및 기저질환 체크(코로나 외 특이증상)	☐	☐
3. 신종 감염병 관련 신정보 공유 및 대처	☐	☐
4. 가족 보건위생 습관(기침, 재채기, 마스크 등)	☐	☐
5. 깨끗한 실내환경(환기 및 소독)	☐	☐
6. 적절한 운동(면역력 강화)	☐	☐
7. 안전한 식습관	☐	☐
8. 사회적 거리두기 실천(직장 및 종교활동)	☐	☐
9. 가족 간의 소통 및 사회적 연대활동(소셜 동호인 활동)	☐	☐
10. 가정 내 '신종 감염병 예방 수칙'의 종합 점검 및 개선	☐	☐

TIP

코로나19 바이러스가 소강 국면에 접어들었다고 해서, 감염병과의 전쟁이 끝난 것이 결코 아니다. 이제는 오미크론 변이바이러스, 원숭이 두창 바이러스 등 다양한 신종 바이러스가 언제든 우리들의 행복한 삶을 위협할 수 있다. 따라서 가정 내에서 신종 감염병 예방을 위한 10대 수칙에 대한 사전적 점검은 아무리 강조해도 지나치지 않을 것이다.

개인 및 가족의 종합검진 10대 체크리스트

저자가 오랫동안 지속적인 관리를 해 온 00병원의 종합 건강 검진 체크리스트를 중심으로, 질병관리본부 및 여러 전문 병원기관의 자료를 참조하여 종합적으로 10대 체크리스트를 정리해 보았다.

1. 비만(과체중,비만) ☐
2. 고혈압 ☐
3. 당뇨병 ☐
4. 심뇌혈관질환(뇌졸증, 심근경색 포괄) ☐
5. 암(위암, 대장암, 유방암, 자궁경부암, 폐암, 간암, 식도암 등) ☐
6. 우울증 ☐
7. 이상지질혈증(고콜레스테롤혈증 의심, 고중성지방혈증, 저 HDL 콜레스테롤 의심) ☐
8. 신장 및 간 질환(신장, 간 기능 이상) ☐
9. 노인성 질병(치매) ☐
10. 기타 질병 ☐
    - 만성피로증후군 / 빈혈 / 시각이상 / 청각이상 / 구강건강(치아)
    - 요단백(단백뇨 의심) / B형 간염 / 골밀도 검사

<시크릿 노트> 작성시 유의사항

가급적 배우자 및 가족과 함께 종합 건강검진표를 보면서 별도로 작성해 본다.
신종 감염병 예방에 가장 중요한 면역력 강화와 기저질환 치료에 집중한다.
건강검진 결과중에서 가장 취약한 부분을 집중 체크하는 것도 바람직하다.
일간~주간~월간~6개월~연간 단위로 종합 추진한다.
중간 체크리스트를 통해 자신의 건강 목표를 개선해 나간다.

최고의 특효약은 면역력 강화

현대사회의 다종다양한 감염병과 기저질환을 이겨내기 위해서는 개인적인 면역력의 강화가 가장 중요하다. 내 자신과 가족의 면역력 강화를 위한 10가지 비결이다.

가족의 면역력 강화를 위한 10가지 비결

1. 유산소 운동(걷기, 스트레칭, 근력 강화훈련 등) ☐
2. 균형잡힌 식사(곡류, 고기-생선-달걀-콩류-채소류, 과일류, 우유 등) ☐
3. 스트레스 해소 ☐ 4. 과로 금지 ☐
5. 금연 ☐ 6. 술 자제 ☐ 7. 가족과 대화 ☐
8. 취미활동 ☐ 9. 야식 자제 ☐ 10. 충분한 수면 ☐

한국을 비롯한 각국의 질병관리본부의 추천 사항을 기본으로 하고, 보건복지부와 한국영양학회 그리고 신종 감염병 관련 전문가의 의견을 종합하여 작성한 것이다.

사람의 몸과 신체적 건강 역시 또 다른 의미의 시스템이다. 건강을 유지하는 것도, 몸이 망가지는 것도 신체의 어느 한 부위만 이상해서 오는 것은 아니다. 오랜 기간 자기 몸을 사랑하고, 면역력을 강화시키고, 시스템적으로 업그레이드하지 않았기 때문이다. 따라서 행복한 부자가 되기 위해 첨단화된 종합검진과 전문적인 치료 그리고 몸과 마음의 통합적 관리 등이 필수적으로 필요한 '스마트 시스템'에 의한 종합적 건강관리가 필수적이다.

'건강수명'을 단축시키는 가장 큰 문제

하버드 출신 의사인 새라 고트프리트는 신체 타임 10년을 되돌리는 리셋 프로그램으로《당신의 젊음을 훔치는 10가지 문제》라는 주제 하에서 자신은 "노화를 촉진하는 염증성 노화에 집착적일 정도로 관심이 많다." 라고 고백한다. 그래서 염증성 노화가 일어나는지 어떻게 알 수 있을까? 고민하다가 염증성 노화를 일으켜 건강수명을 단축하는 가장 흔한 문제들의 10가지 목록을 다음과 같이 제시하였다.

'건강수명'을 단축시키는 가장 큰 문제	Yes	No
1. 비만	☐	☐
2. 지나치게 적은 활동량	☐	☐
3. 특정 의약품 복용(항불안제나 항히스트민제)	☐	☐
4. 탄수화물과 가공식품 과다 섭취	☐	☐
5. 근육량 감소	☐	☐
6. 수면부족	☐	☐
7. 삶의 목적과 의미 부재	☐	☐
8. 비타민D 부족	☐	☐
9. 심한 스트레스	☐	☐
10. 사회적 고립	☐	☐

하버드 의대,《당신의 젊음을 훔치는 10가지 문제》

건강나이를 10년 정도 젊게 살 수 있는 구체적인 프로그램

건강나이 개념의 창시자인 마이클 로이젠 역시 "건강나이"라는 새로운 개념을 창출하여 건강나이를 10년 정도 젊게 살 수 있는 구체적인 다이어트 활동계획을 다음과 같이 제시하였다.

건강나이 10년 젊게 사는 다이어트 활동계획	Yes	No
1. 걷기-매일 30분	☐	☐
2. 스태미나 훈련-매주 3회, 20분동안, 숨이 찰 정도	☐	☐
3. 근력 강화훈련-매주 3회, 매회 10분	☐	☐
4. 스트레칭 또는 요가-걷기가 끝나고 날마다	☐	☐
5. 심호흡-복부 테크닉을 사용해 날마다 아침, 저녁 10회씩	☐	☐
6. 수면-날마다 7~8시간씩 잔다.	☐	☐

마이클 로이젠·메멧 오즈, 유태우 옮김, 《새로만든 내몸 사용설명서》

< 시크릿 노트 >

전문가들은 건강수명을 단축하게 하는 가장 흔한 문제로 <비만> <부족한 활동량> <근육량 감소> <수면부족> <삶의 의미 부재> <심한 스트레스> 등을 제기하고 있다. 이 중에서 가장 큰 문제는 아마도 만병의 근원이라 할 수 있는 스트레스일 것이다.

포스트 코로나 시대의 스트레스를 줄이고, 건강수명을 늘리는 하나의 방법으로 '힐링 스트레칭'을 추천하고 싶다. 단순히 몸의 근육을 풀어주는 차원이 아니라, 스트레칭 과정에서 자신의 일상에 대한 긴장감을 풀어주고, 미래의 새로운 준비를 위한 힐링 스트레칭이다. 되도록 인근의 공원이나 누리길을 가족과 함께 산책하면서 소통하는 힐링 누리길로 만들어 간다면 금상첨화일 것이다.

우울증 예방 10대 수칙 및 우울증 진단표

'행복한 부자'로 가는 길목에서 건강 특히 마음의 건강은 아주 중요하다. 그렇다면 나는 '우울증'에 걸렸는가? 자가진단을 한 번 해보자.

< 질문 >
지난 2주간 얼마나 자주 다음과 같은 문제들로 곤란을 겪으셨습니까? 지난 2주 동안에 아래와 같은 생각을 한 날을 헤아려서 해당하는 숫자에 표시하세요.

삼성 서울병원의 우울증 진단표	점수
1. 기분이 가라앉거나, 우울하거나, 희망이 없다고 느꼈다.	
2. 평소 하던 일에 흥미가 없고 즐거움을 느끼지 못했다.	
3. 잠들기가 어렵거나 자주 깼다 혹은 너무 많이 잤다.	
4. 평소보다 식욕이 줄었다 혹은 평소보다 많이 먹었다.	
5. 평소보다 말과 행동이 느려졌다.	
6. 너무 안절부절 못해서 가만히 앉아있을 수 없었다.	
7. 피곤하고 기운이 없었다.	
8. 내가 잘못 했거나, 실패했다는 생각이 들었다. 혹은 가족을 실망시켰다고 생각했다.	
9. 신문이나 TV 등 일상적인 일에도 집중할 수가 없었다.	
10. 차라리 죽는 것이 낫다고 생각하거나 자해를 생각했다.	

<작성 및 평가시 유의사항>
해당 사항에 없으면 0점, 며칠동안이면 1점, 일주일 이상이면 2점, 거의 매일이면 3점, 종합 점수가 10점 이상이면 심한 코로나 블루로 평가 <출처: 헬스조선 2020. 4.13>

행복한 부자가 되기 위한 우울감 해소 예방수칙

마음의 우울감을 해소할 수 있는 예방수칙에 대해서는 서울의 아산병원이 다음과 같이 10가지 체크리스트를 정확히 제시해주고 있다.

우울감 해소를 위한 10대 예방수칙(서울 아산병원, 경향)	Yes	No
1. 신종 감염병에 대한 개인위생 철저 준수	☐	☐
2. 가짜뉴스나 자극적 정보 멀리하기	☐	☐
3. 무기력한 기분에서 벗어나 규칙적인 일상생활 시작	☐	☐
4. 휴식, 균형잡힌 식사, 적당한 운동으로 신체건강 유지	☐	☐
5. 금연과 술, 청량음료, 인스턴트 식품 줄이기	☐	☐
6. 음악, 목욕, 명상을 통해 긴장 푸는 시간 충분히 갖기	☐	☐
7. 혼자 고립감 느끼지 않도록 가족-친지와 자주 소통하기	☐	☐
8. 보건당국의 정확한 정보를 접하고 자신의 상태 판단하기	☐	☐
9. 확진자 및 가족은 보건 당국에 연락해서 사후 조치	☐	☐
10. 정신상담이 필요하면 위기상담전화 통해 도움받기	☐	☐

*** 서울 아산병원과 대한소아청소년정신의학회 자료를 종합하여 재구성**

ACTION PLAN

나와 우리 가족의 건강만들기 프로그램

CONTENTS

1. 나의 건강 검진 결과 및 본인의 건강 상태
2. 배우자 및 가족의 건강 검진 결과 및 건강 상태
3. 우리 집안의 가족병력 및 복용중인 약물
4. 꾸준히 할 수 있는 운동
5. 내 몸 만들기 프로젝트 6개월 계획

한국퇴직연금개발원, 《행복한 미래를 위한 은퇴수첩》

나의 건강검진 결과를 적어 보세요.

검진기관/날짜		검진결과/주의사항/조치내용
1		
2		
3		
4		
5		

배우자 및 가족의 건강검진 결과도 기록해보세요.

검진기관/날짜		검진결과/주의사항/조치내용
1		
2		
3		
4		
5		

우리 집안의 가족 병력을 파악해 보세요.

구분	본인	배우자
조부모		
부모		
형제		
본인		
자녀		

복용중인 약물

진단명	장기복용약물	복용기간

꾸준하게 할 수 있는 운동계획

운동 종류		내용
1		
2		
3		
4		
5		

내 몸 만들기 6개월 프로그램

핵심 목표:

주요 실천과제 (1)

(2)

(3)

실행자: 본인 / 배우자 / 가족 착수일: 년 월 일

1개월 (목표/세부계획)	
2개월 (66일 플랜)	
3개월 (분기별 평가)	
4개월	
5개월	
6개월 (종합평가/ 연간계획 재수립)	

IDEAS & NOTES

<김대중의 행복한 부자 십계명>

1. 나만의 '행복한 부자' 철학을 세워라.

2. 실패를 두려워하지 마라.

3. 돈의 노예가 되지 마라.

4. 구체적 목표를 세워라.

5. 몸도 마음도 건강해라.

6. 행복한 집을 만들어라.

7. 한 우물을 파라.

8. 스마트 시스템으로 관리하라.

9. 빅데이터와 네트워크를 활용하라.

10. 신앙적 믿음 속에서 베풀고 나누어라.

- 최성 《시크릿 노트: 절망에서 성공하는 비결》 중에서

9
단계

STEP 9

절망에서 성공하는 스마트 위기관리 시스템 10대 수칙

OECD 최하위권인 한국인의 행복지수

한국인의 삶에 대한 만족도가 경제협력개발기구(OECD) 국가 중에서 최하위권으로 나타났다. 소득 수준·자살률 등이 반영된 것으로 한국인의 행복지수인 셈이다. 통계청이 발표한 '2022 국민 삶의 질 보고서'에 따르면 한국인의 삶에 대한 만족도는 2019~2021년 기준 10점 만점에 5.9점이었다.

이는 OECD 회원국 38개국 중 36위에 해당하는 점수다. OECD 평균은 6.7점이다. 삶의 만족도는 소득이 적을수록 낮은 경향을 보였다. 같은 기간 한국보다 점수가 낮은 국가는 콜롬비아(5.8점)와 튀르키예(4.7점) 등 두 곳뿐이다. 삶의 만족도는 OECD의 '더 나은 삶 지수(BLI)' 중 하나로 유엔 세계행복보고서(WHR)에 활용된다.

우선 소득의 경우 2021년 기준 상위 10%가 전체 소득의 절반에 달하는 46.5%를 점유한 반면, 하위 50%는 16.0%를 차지한데 그쳤다. 상위 10%의 1인당 소득은 15만3200유로(약 1억7850만 원)로 하위 50%의 1만600유로(약 1233만 원)로 약 14배나 많았다.

현실이 이렇다보니 우리나라는 소득분포 하위 10%에 속한 가구가 평균소득 가구로 이동하는데 5세대가 걸려 OECD 평균 4.5세대보다 길게 나타났다. '20대 80의 사회'는 과거의 이야기가 됐다. 이제 '1대 99의 사회'다. '금수저는 대를 이어 금수저'이고 '흙수저는 대를 이어 흙수저' 신세를 벗어나지 못할 확률이 높은 것이다.

따라서 개인과 가정이 '행복한 부자'가 되기 위해서는 국가적으로도 '스마트 위기관리 시스템 혁명'을 통해 국가적 부와 대한민국 국민 전체의 삶의 질 향상이 동시적으로 이루어져야 한다.

2023.2.28. <스카이데일리>

김대중의 성공하는 비결: 메모와 시크릿 노트

40년 전 옥중에서 둘째 홍업에게 보낸 편지에는 김대중의 소중한 조언이 담겨 있다. '절망 속에서 성공하는 비결'을 찾는 청년들과 깨어있는 시민들에게도 가장 소중한 말일 것이다. 자기 삶의 목표를 정하고 처한 상황의 장단점을 분석한 뒤 계획을 세분해 한 단계씩 올라가는 끈기야말로 성공적인 인생의 핵심 요소라 믿고 실천한 것이다.

> 끈기는 성공적인 인생의 가장 큰 요소 중 하나다.
> 가장 중요한 것은 굳은 의지로
> 한 가지 계획을 반드시 끝까지 밀고 나가는 끈기다.
> 실천 가능한 계획을 세우고
> 이를 연간, 월간, 주간 계획으로 세분해
> 한 계단씩 올라가는 자세가 중요하다.
> 이는 내 체험의 결과이기도 하다.

김대중 대통령의 철학과 사상을 평가하는 데에 가장 중요한 자료는《옥중서신》과《새로운 시작을 위하여》다. 이 책들을 중심으로 김대중 탄생 100년의 정치적 행보를 종합하며 '행복하고 성공적인 삶을 위한 김대중의 시크릿 노트'를 정리할 수 있었다. 물론 30년 가까이 김대중·이희호 두 대통령 내외분의 가까이서 직접 듣고 느낀 잠언도 함께 녹여낸 것이다.

절망 속에서 희망을 찾는 DJ 특유의 메모

김대중은 어려운 일을 당할 때마다 버릇처럼 자신의 문제점과 가능성을 점검했다. 백지 가운데에 세로줄을 긋고서 오른쪽에는 처한 문제를, 왼쪽에는 남아 있는 가능성을 적어 비교하곤 했다. '김대중의 시크릿 노트'의 핵심 구조이자 내용이라고 할 수 있다. 우리도 한 번 체크해 보자.

<절망속에서 희망을 찾는 시크릿 노트>

남아 있는 가능성	내가 처한 상황의 문제점

<내가 앞으로 나아가야 할 방향과 목표>

김대중의 10가지 혁신 리더십

5번이나 죽을 고비를 넘기면서 '절망속에서 성공하는 비결'을 찾은 김대중 대통령의 리더십은 다음과 같은 10가지 특징을 가지고 있는 것을 발견할 수 있었다. 이러한 김대중 대통령의 민주혁신 리더십은 내가 정립한 <스마트 위기관리 시스템 10대 대응 수칙>과 연결하여 보다 실용적이고 효과적인 리더십으로 발전할 수 있었다. "행복한 부자의 꿈"이든 아니면 자신의 특별한 목적을 실현하기 위한 플랜이나 프로그램을 실천하는 데 있어서 다음의 DJ 혁신리더십의 10가지 체크 포인트는 매우 유용할 것이다.

DJ 혁신리더십의 10가지 체크 포인트	Yes	No
1. 골든타임을 놓치지 않는 결단의 리더십	☐	☐
2. 첨단화된 정보를 중시하는 빅데이터 리더십	☐	☐
3. 복합위기를 효과적으로 관리하는 통합적 위기관리 리더십	☐	☐
4. 문제해결을 위한 창조적 리더십	☐	☐
5. 현장 전문가를 중시하는 전문가 리더십	☐	☐
6. 시민적 참여를 중시하는 소통의 리더십	☐	☐
7. 확고한 원칙에 기초한 유연한 리더십	☐	☐
8. 각계각층의 전문성에 기초한 분권화된 리더십	☐	☐
9. 국제화와 지방화를 포괄하는 글로컬 거버넌스 리더십	☐	☐
10. 위기관리 시스템을 중시는 시스템 리더십	☐	☐

최성, <K-방역의 진짜 힘: 코로나 전쟁을 이겨내는 10가지 비결>

실천 프로그램

김대중의 혁신 리더십을 어떻게 실천할 것인가?

1. 골든타임을 놓치지 않는 결단의 리더십

____

____

2. 첨단화된 정보를 중시하는 빅데이터 리더십

____

____

3. 복합위기를 효과적으로 관리하는 통합적 위기관리 리더십

____

____

4. 문제해결을 위한 창조적 리더십

____

____

5. 현장 전문가를 중시하는 전문가 리더십

____

____

6. 시민적 참여를 중시하는 소통의 리더십

7. 확고한 원칙에 기초한 유연한 리더십

8. 각계각층의 전문성에 기초한 분권화된 리더십

9. 국제화와 지방화를 포괄하는 글로컬 거버넌스 리더십

10. 위기관리 시스템을 중시는 시스템 리더십

'행복한 부자 프로그램'에 '스마트 위기관리 시스템'이 왜 유용한가?

개인이든, 기업이든, 공조직이든 어떻게 다양한 복합 위기를 조직적으로 극복할 것인가?

최성의 <스마트 위기관리 시스템 10대 대응수칙>은 다음과 같은 몇가지 점에서 매우 유용한 수단과 방법이 될 것이다.

첫째, 모든 위기적 상황을 사전에 빅데이터를 통해 미리 시뮬레이션을 하고, 다양한 돌발상황 등에 대한 사전 대비를 시스템적으로 할 수 있다. 특히 현대의 위기는 코로나19와 같은 신종 감염병이나 우크라이나 전쟁과 같은 국제적 변수까지 크게 작용하기 때문이다. <우측 사전 2단계 대응수칙> 참조

둘째, 예상치 못한 복합 위기가 발생했을 경우 그에 대한 대책은 골든타임의 준수 및 돌발 리스크에 대한 적절한 관리 그리고 가용할 수 있는 각종 자원과 조직에 대한 체계적 대응이 필요하다. 특히 현대 사회에서는 SNS를 비롯하여 각종 빅데이터 등 4차 산업혁명의 성과를 반영한 '스마트 위기관리 시스템'이 철저히 가종되어야만 한다.

셋째, <스마트 위기관리 시스템 10대 대응 수칙>은 국가적 위기 혹은 지역 사회에서의 복합재난에 대한 대응수칙으로 체계화되었지만, 개인과 기업의 목표 달성을 위해서도 매우 효과적이다. 코로나19와 우크라이나 전쟁 그리고 국내 경제의 불황 및 각종 재난 사고가 결국 개인의 행복과 기업의 성패를 크게 좌우하기 때문이다.

<스마트 위기관리 시스템>의 사전 2단계 대응 수칙

분야	스마트 위기관리 대응을 위한 사전 대응수칙
1단계- 예방 위기를 예방하기 위해 빅데이터 등을 통해 사전 예측했는가?	① 빅데이터 등을 통해 위기의 원인과 대책을 사전에 예측했는가? ② 위기 발생 시 종합 대응 수칙에 따라 사전 예측과 평가를 수행했는가? ③ 위기관리의 핵심 체계를 중심으로 사전 예방대책을 수립했는가? ④ 위기 발생 단계별 피해 경감 예방대책을 종합적으로 수립했는가? ⑤스마트 위기관리 시스템에 따라 첨단화된 기술과 인력을 통해 종합적인 예방대책을 수립했는가?
2단계- 대비 위기에 대비하기 위해 시뮬레이션 등을 통해 사전 평가하고 비상계획을 수립했는가?	⑥ 빅데이터, AI 등 사전 시뮬레이션 등을 통해 위기에 대한 종합적인 평가 및 비상계획을 수립했는가? ⑦ 위기관리 대응수칙에 따라 위기 발생 단계별로 종합적인 비상계획을 수립했는가? ⑧ 위기관리 핵심 체계 및 시민 참여 협치 네트워크를 중심으로 비상대비계획을 수립했는가? ⑨ 실제 위기 발생 시에 대비해 사전에 '실전 비상훈련과 교육'을 실시했는가? ⑩ 위기 발생 시 핵심 위험 요소와 돌발 상황 그리고 스마트 위기관리의 목표 등을 종합적으로 점검하고 대비했는가?

'복합 위기'를 '성공의 기회'로 만드는 스마트 위기관리 시스템 10대 체크리스트

스마트 위기관리 시스템 10대 체크리스트	Yes	No
1. 골든타임을 놓치지 않는 초기 결단이 중요하다.	☐	☐
2. AI와 빅데이터를 활용한 스마트 시스템을 가동한다.	☐	☐
3. 다양한 국내외적 통합적 위기관리가 꼭 필요하다.	☐	☐
4. 치명적 영향을 줄 수 있는 돌발리스크에 대비하라.	☐	☐
5. 현장 전문가의 평가와 해법이 가장 중요하다.	☐	☐
6. SNS를 적극 활용하여, 협치시스템을 가동하라.	☐	☐
7. 원칙을 지키되, 위기상황에 따라 유연하게 대응하라.	☐	☐
8. 위기의 형태에 따라 따라 분권화된 결정을 하라.	☐	☐
9. 기존 시스템을 평가하면서, 피드백이 중요하다.	☐	☐
10. 스마트 시스템으로 업그레이드하여, 미래를 대비하라.	☐	☐

< 시크릿 노트 >

코로나19 바이러스가 국제적으로 확산되었을 때는 '스마트 위기관리 시스템 10대 대응수칙'을 중심으로 공공과 민간 부분의 '코로나 위기관리 대상 공모대회'를 2년 연속 개최한 바 있다. 하지만 이제는 코로나19 외의 다양한 신종 감염병이 '계절병'처럼 발생할 것이고 이태원 참사와 같은 복합재난 역시 수시로 발생하기 때문에 <복합재난 및 혁신정책 리더 대상> 공모대회 형태로 이어갈 계획이다.

TIP

최성의 스마트 위기관리 시스템에 대한 종합적인 대응 수칙은 이 책의 1장 60쪽에 소상히 설명되어 있다. 그리고 사전 2단계 수칙(249쪽)과 연결하여 '복합 위기'를 '성공의 기회'로 만들고, 신종 감염병 및 복합재난에 대한 위기관리 능력에 대한 시스템적 평가를 꼼꼼히 한 번 보세요. (250~251쪽)

신종 감염병 및 복합재난에 대한 스마트 시스템 평가

신종 감염병 예방 및 각종 복합재난을 사전 예방하고, 골든타임을 놓치지 않고 적절한 대응을 하기 위해서 꼭 필요한 <스마트 위기관리 대응 10대 수칙>의 구체적인 점검 지표를 제시하면 대체로 다음과 같다.

위기관리 능력에 대한 시스템적 평가	Yes	No
1. 백신 및 치료제 개발과 위기관리 시스템 업그레이드	☐	☐
2. 관련 특별법 제정 및 규제 개혁	☐	☐
3. 위기관리 통합센터 및 지자체와 공공기관의 효율적 운영	☐	☐
4. 질병관리본부 및 복합재난 대응 운영체계 강화	☐	☐
5. AI,빅데이터 등 4차 산업혁명 성과를 반영한 종합 대응력	☐	☐
6. SNS 등을 통한 시민참여 협치시스템 강화	☐	☐
7. 중앙정부와 지역 차원의 위기관리 협치시스템 가동	☐	☐
8. 3D 체험 등 첨단화된 재난 교육 체계 업그레이드	☐	☐
9. 지자체 중심의 현장 맞춤형 로컬 거버넌스 체계 구축	☐	☐
10. 경제전쟁 승리를 위한 스마트 위기관리 시스템 강화	☐	☐

이상과 같은 핵심 과업에 대해 중앙정부와 국회, 지방정부와 지방의회, 그리고 교육청 및 각종 공공기관이 해당 조직에 걸맞는 법적-행정적 혁신 조치를 효과적으로 수행했는가를 수시로 자체 평가해야 할 것이다.

* 이에 대한 보다 자세한 사항은 《코로나 위기극복을 위한 새 정부 정책 제안서》 (2022년) 참조

자기 삶을 메모할 줄 알아야 한다.
그것은 지난날들을 정리하는 의미보다는
앞날의 보다 나은 선택을 위해서 필요한 것이다.

- 《김대중 잠언집: 배움》 중에서

10
단계

STEP 10

행복한 부자 프로그램(HRP)

포스트 코로나 시대, 어떻게 변화할 것인가?

포스트 코로나 시대의 변화를 예상하면서, 자신이 코로나 전쟁을 이겨내고, '행복한 부자'가 되기 위한 '뉴노멀 10대 수칙'을 찾아 행복한 부자가 되기 위한 성공 플랜을 실천해 보자.

포스트 코로나 시대, 어떻게 변화할 것인가?

1. 신종 감염병 대비 <생활방역>의 자율적 실시
2. 집단적 대인관계를 축소하는 <물리적 거리두기> 지속
3. 사회적 거리두기는 다소 지속하면서도 <사회적 연대> 강화
4. 재택근무와 유연근무의 확대 등으로 <'집'의 역할 대폭 강화>
5. 화상 강의 및 온라인 교육 등 <비대면 생활의 일상화>
6. 취미 및 여가생활의 패턴 급속한 변화
7. 사회 전반에 있어서 <온라인 비즈니스>의 급속한 확대
8. 자산가치의 변화로 <슬기로운 자산관리의 필요성>
9. 취업 및 생존을 위한 개인주의 확산
10. 코로나와의 글로벌 전쟁을 위한 국제적 연대의 필요성 증가

TIP

나의 행복한 부자의 꿈이 이루어지기 위해서는 현재 진행되는 포스트 코로나 시대의 뉴노멀에 대한 정확한 인식이 선행되어야 한다. 이를 토대로 특별한 1% 부자들이 공통적으로 제시하는 <행복한 부자를 위한 구체적인 목표와 실천전략>을 수립하여 행동에 옮기면 될 것이다. 자신의 창조적 아이디어를 메모해 두고 향후 실천 프로그램으로 발전시켜 보자.

IDEAS & NOTES

최성의 '포스트 코로나 시대' <행복한 부자 10계명>

1. 자신이 신종 감염병 바이러스에 감염되지 않는다.

2. 가족 역시 '신종 감염병 예방'에 성공하도록 협조한다.

3. 포스트 코로나 시대의 '자기만의 뉴노멀'을 만든다.

4. '행복한 부자'가 되기 위한 '성공 플랜'을 실천한다.

5. '몸과 마음의 건강관리'에 집중한다.

6. '작지만 확실한 행복'(소확행)을 위해 노력한다.

7. '재산'의 액수보다 '행복을 위한 자산가치'에 주력한다.

8. 자신의 존재감과 행복감을 드높일 수 있는 일을 한다.

9. 공동체와 사회의 공공선을 위해 연대와 협력을 한다.

10. 행복한 노후를 위해 최대한 성실히 자산관리를 한다.

최성, 《K-방역의 진짜 힘: 코로나 전쟁을 이겨내는 10가지 비결》

< 시크릿 노트 >

포스트 코로나 시대에 행복한 부자가 되기 위해서는 우선 신종 감염병과의 전쟁에서 승리해야 하고, 이를 토대로 가족의 건강과 행복을 지켜야 한다. 여기에서 한 걸음 더 나아가 <포스트 코로나 시대의 뉴 노멀을 정확히 예측하고, 코로나 위기를 기회로 만드는 실천에 성공한다면 행복한 부자의 꿈은 이루어질 것이다. 최성의 포스트 코로나 시대, 행복한 부자 10계명은 <행복한 부자 프로그램(HRP)>의 핵심이 아닐 수 없다.

실천 프로그램

포스트 코로나 시대 나와 우리 가족의 <행복한 부자 10계명>

	나와 우리 가족의 <행복한 부자 10계명>
1	
2	
3	
4	
5	
6	
7	
8	
9	
10	

'행복한 부자'가 되기 위한 첫 걸음 - '창조적 일자리 찾기'

창조적 일자리 찾기' 10대 기본 원칙	Yes	No
1. 국제 경제 상황이 어떻게 진행될 것인지를 파악한다.	☐	☐
2. 국내외적 상황이 나와 가족에 미칠 영향을 예측한다.	☐	☐
3. 내가 처한 상황을 SWOT 분석을 통해 정확히 파악한다.	☐	☐
4. 일자리 찾기의 목표를 명료히 설정한다.	☐	☐
5. 나의 자산, 부채, 투자가능한 자원 등을 평가한다.	☐	☐
6. 일자리 창출의 플랜을 구체적으로 수립한다.	☐	☐
7. 내 상황에 맞는 맞춤형 일자리의 방향을 찾는다.	☐	☐
8. 집을 '새로운 시작'의 베이스 캠프로 새롭게 리모델링한다.	☐	☐
9. 첨단화된 정보와 기술을 최대한 습득한다.	☐	☐
10. 은퇴 후 노후생활까지를 감안해서 일자리를 찾는다.	☐	☐

< 작성시 유의사항 >

포스트 코로나 시대에 "행복한 부자"가 될 수 있는 자신의 일자리를 창의적으로 찾는다.

SWOT 분석에 따라 자신의 장점과 단점, 기회와 위험요소를 종합적으로 작성해 본다.

현재 하고 있는 일과 앞으로 하고 싶은 일을 종합적으로 판단해서 작성한다.

'창조적 일자리'를 찾기 위해 핵심 목표와 실천과제를 도출한다.

HRP 성공플랜 외에도 단기, 중장기 계획을 함께 수립한다.

나의 창조적 새 일자리 창출을 위한 SWOT 분석

S(강점) 나의 강점과 경쟁력은? (아이디어/네트워크/자본력 등)	W(약점) 내가 극복해야 할 약점은? (자본력/조직/전문성 등)
O(기회) 나에게 주어진 기회는? (국제적 기회/국내상황/주변네크워크 등)	**T(위협) 내 앞에 높인 장애물과 위협요소는? (코로나 방역 및 경제상황/자본력 등)**

< 작성시 유의사항 >

자신과 기업(사업체)의 발전, 창업, 전직 등을 종합적으로 고려하여 작성한다.

최성의 '행복한 부자 프로그램' (HRP)

향후 '포스트 코로나 시대의 새로운 뉴노멀'을 습관화하여, 행복한 부자 프로그램이 성공할 수 있는 해법은 무엇인가?

1. 골든타임을 놓치지 마라

'신종 감염병' 등 글로벌 위기를 기회로 활용

골든타임을 적극 활용하여 자신의 목표 달성

2. 빅데이터를 적극 활용하라

신종 바이러스 및 우크라이나 전쟁 등 빅데이터 활용

'행복한 부자 프로그램' 등 자신의 목표 관련 빅데이터 활용

3. 통합적 위기관리가 꼭 필요하다

행복과 건강 그리고 부자에 대한 통합적 위기관리 계획 수립

가정 내 건강과 자산관리 그리고 직장 사이의 워라밸 플랜 작동

포스트 코로나 시대, 뉴노멀 위한 통합적 시스템 가동

4. 돌발리스크에 대비하라

개인적으로나 국가적으로 예측 불가능한 리스크 대비

자신과 관련 돌발리스크 발생 시 플랜B 등 비상 대책 마련

국제적인 경제위기 및 북한 핵문제 등 돌발리스크 대비

5. 현장 전문가가 가장 중요하다

포스트 코로나 시대 자산관리 계획 등 전문가 의견 청취

'글로벌 경제전쟁' 역시 각계 전문가의 의견 존중

'행복한 부자 프로그램'의 성공을 위한 전문가 의견 경청

6. SNS를 적극 활용하라

가짜뉴스보다는 정부 등 권위 있는 기관의 정보 활용

소셜 네트워크를 활용한 개인 및 기업과 국가의 위기관리

7. 원칙을 지키되, 유연하게 대응하라

'행복한 부자'가 되기 위한 원칙과 실질적인 프로그램 마련

생활방역 수칙은 준수하되, 현장에 맞게 유연하게 대응

8. 분권화된 의사결정을 하라

'행복한 부자 프로그램' 관련 전문가의 분권화된 의사결정

구체적인 목표 달성을 위해 각 분야 전문가 의견 수렴

9. 위기관리의 피드백이 중요하다

행복한 부자 프로그램의 성공을 위한 종합적 피드백 필수

자신의 목표를 추진하는데 있어서 시행착오의 전면 개선

각종 돌발상황에 대비한 위기관리 시스템 피드백

10. 스마트 시스템을 업그레이드하라

개인적 차원의 문제점 보완 및 새로운 목표 설정을 위한 정비

자신의 최종 목표를 달성할 수 있는 시스템 업그레이드 추진

최성, <위기관리 시스템 혁명>

TIP

《특별한 1%의 행복한 부자 노트》를 통해서 직접 계획하고 실천 프로그램을 작성해 본 것을 토대로 부록(266쪽~328쪽)에서 <나만의 행복한 부자 노트>를 실행에 옮겨 보자.

실천 프로그램

나의 '행복한 부자 프로그램(HRP)' 구상

1. 골든타임을 놓치지 마라

____

____

2. 빅데이터를 적극 활용하라

____

____

3. 통합적 위기관리가 꼭 필요하다

____

____

4. 돌발리스크에 대비하라

____

____

5. 현장 전문가가 가장 중요하다

____

____

6. SNS를 적극 활용하라

7. 원칙을 지키되, 유연하게 대응하라

8. 분권화된 의사결정을 하라

9. 위기관리의 피드백이 중요하다

10. 스마트 시스템을 업그레이드하라

끈기는 성공적인 인생의 가장 큰 요소 중 하나다.
가장 중요한 것은 굳은 의지로
한 가지 계획을 반드시 끝까지 밀고 나가는 끈기다.
실천 가능한 계획을 세우고
이를 연간, 월간, 주간 계획으로 세분해
한 계단씩 올라가는 자세가 중요하다.
이는 김대중 대통령이 체험한 결과이기도 하다.

- 최성 《시크릿 노트: 절망에서 성공하는 비결》 중에서

부록

나만의 시크릿 노트

행복한 부자 프로그램(HRP)

나만의 '행복한 부자 노트'를 작성해 볼까요?

이제 새로운 인생!

행복한 부자가 되기 위해
과거의 습관을 '새로운 습관'으로 개선하는 '실천'노트
오늘의 성공기록을 기록하는 '성공'노트 함께 작성해 보세요!

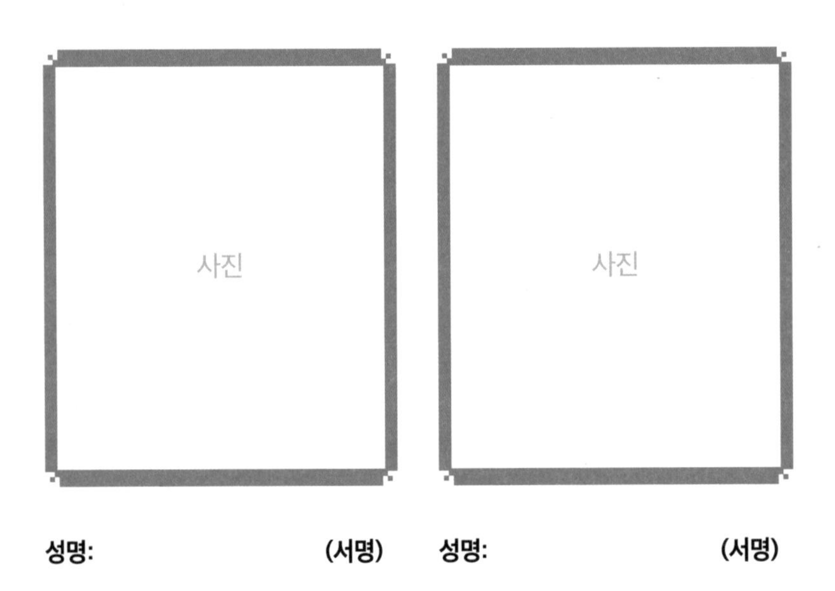

성명: **(서명)** **성명:** **(서명)**

목차

나의 시크릿 노트 작성법

독일의 사업가이자 작가인 마티아스 헤클러는 자신의 성공 경험을 널리 나누기 위해 《100일 챌린지 플래너(Success Journal)》를 개발하여 출간, 베스트셀러로 올라섰다. 그의 플래너 활용법은 《특별한 1%의 행복한 부자 노트》를 실전에 활용하는 데 큰 도움을 줄 것으로 판단하여 보완해서 작성한 것이다.

1. 기록을 할 때는 일정한 시간을 정하여 작성한다.
2. 이루고 싶은 목표를 구체적으로 작성한다.
3. 목표 달성에 도움 되는 실천전략을 수립한다.
4. 집중해야 할 대상을 명료히 설정한다.
5. 나와 우리 가족의 인생 비전을 새롭게 설정한다.
6. 나의 목표에 도움이 될 '결정적 질문'을 만든다.
7. 나의 인생에서 중요한 '핵심 가치'를 정의한다.
8. 부정적 생각을 긍정적 마인드로 바꾼다.
9. 오랜 습관을 버리고 새로운 습관을 실천한다.
10. 계속해서 질문하고 나의 생각, 느낌, 행동을 최대한 활용한다.

마티아스 해클러, <100일 챌린지 플래너>

대체로 10개 항의 질문 형태로 된 체크리스트는 각자가 평가의 기준으로 점수 혹은 학점 등으로 주관적 평가를 하면 된다. 자신의 상태가 어느 정도 수준인지, 무엇을 극복할 것인지에 대한 정확한 인식과 그에 따른 대응을 하기 위한 목적이기 때문이다. 10개 항이 아닌 경우는 스스로 평가 기준을 만들면 될 것이다.

나만의 행복한 부자프로그램

<스마트 위기관리 시스템> 10대 대응 수칙은 개인적으로 '행복한 부자'가 되는 데 있어서 어떤 의미가 있고, 어떻게 활용할 수 있는가?

우선 '행복한 부자'가 되기 위해서는 특별한 1%의 부자들이 공통적으로 제안한 것처럼

(1) 물질적 부와 육체적 건강 그리고 가정의 행복에 대한 통합적 관리

(2) 재정자립을 위한 포트폴리오

(3) 돌발 상황 등에 대한 시스템적 종합관리

(4) 가용할 수 있는 정보와 네트워크의 최대한 활용이 필요하다.

그런 점에서 <스마트 위기관리 시스템 10대 대응 수칙>은 개인과 조직, 그리고 기업과 정부 차원의 다양한 위기적 상황을 시스템적으로 극복하는 데 매우 효과적인 방법과 수단을 제공할 것이다.

<행복한 부자가 되기 위한 스마트 위기관리 시스템 대응수칙>	Yes	No
1. 부와 행복에 대한 나의 철학과 가치관을 설정하라.	☐	☐
2. 나에게 맞는 구체적 목표를 계획하고 당장 실천하라.	☐	☐
3. 행복한 부자가 되기 위한 습관에 도전하라.	☐	☐
4. 행복과 부의 통합적 관리가 필요하다.	☐	☐
5. 몸과 마음의 건강을 시스템적으로 관리하라.	☐	☐
6. '가족이 행복해지는 집'으로 만들라.	☐	☐
7. 재정자립을 위한 포트폴리오를 세워라.	☐	☐
8. 시스템적 시간관리와 인간관계가 필요하다.	☐	☐
9. 가용할 수 있는 정보와 네트워크를 최대한 활용하라.	☐	☐
10. 행복한 부자 프로그램과 시스템을 업그레이드하라.	☐	☐

실천 프로그램

'행복한 부자 프로그램(HRP)'의 5단계 전략

행복한 부자가 된 특별한 1%의 사람들은 대부분 '행복한 부자'의 목표를 명료히 설정하고, 비록 실패하더라도 구체적인 실천 전략을 수립하여 행동에 즉각 옮기는 도전적인 삶을 살아왔다. 이 과정에서 시행착오와 실패가 반복되면 주저없이 수정하면서 재도전하는 용기와 자기확신이 뚜렷한 사람들이었다.

자, 이제부터 우리도 '자기만의 행복한 부자가 되는 5단계 전략'을 함께 수립해보자.

(1) 목표 설정 - 행복한 부자란? 나는 어떤 행복한 부자?

'행복한 부자'에 대한 철학 및 가치관을 정립하고 자신의 핵심 목표를 분명히 정하자. 포스트 코로나 시대, 행복한 부자와 관련된 책을 읽고 빅데이터를 종합해 보자.

---

(2) 계획 수립 - 행복한 부자에 대한 구체적 목표 설정

행복한 부자가 되기 위한 단기 계획과 중·장기 계획(6개월~연간 계획)을 수립하자.

---

(3) 실천 전략 - 포트 폴리오 전략과 시간 및 인맥관리

자산을 시스템적으로 늘릴 수 있는 포트폴리오 전략을 수립하고 그에 따른 최고의 인맥관리와 시간관리가 꼭 필요하다.

---

(4) 행동 플랜 - 행복한 부자를 위한 습관혁명과 시스템 혁명

내 몸과 마음을 건강케 하는 <내 몸 개혁 프로그램>을 가동하고 행복한 부자가 되기 위한 습관 혁명과 시스템 혁명을 실천하자.

---

(5) 평가 및 목표 재수립

행복한 부자 프로그램의 중간평가를 통해 새로운 계획을 수립하고 시스템을 업그레이드 시켜야 한다.

나는 누구인가? SWOT 분석

S(강점) 나의 강점과 경쟁력은?	W(약점) 내가 극복해야 할 약점은?
O(기회) 나에게 주어진 기회는?	**T(위협) 내 앞에 놓인 장애물과 위협요소는?**

< 작성시 유의사항 >

내 자신이 처한 현재 상황 속에서 미래의 목표(창업, 전직 등 새로운 목표)를 향해 여러 가지 여건(재정 상황 및 조직 등)을 종합적으로 SWOT 분석한다.

나의 롤모델로부터 배우기

《원하는 나를 만드는 오직 66일》에서는 "나의 롤모델로부터 배우기"를 권장한다. 특별한 1%의 성공한 사람들 대부분도 자신들이 존경하고 따르고 싶은 저마다의 멘토가 있었다.

나의 롤 모델은 누구인가?

그리고 성공적인 목표달성을 위해 나의 롤모델이 가졌던 태도와 강점은 무엇인가? 스스로 작성해보자.

<나의 롤모델로부터 배우기>

나의 롤모델	성공적인 목표달성을 위해 나의 롤모델이 가졌던 강점

자브리나 하아제, 《원하는 나를 만드는 오직 66일》

하루 생활계획표 (평일)

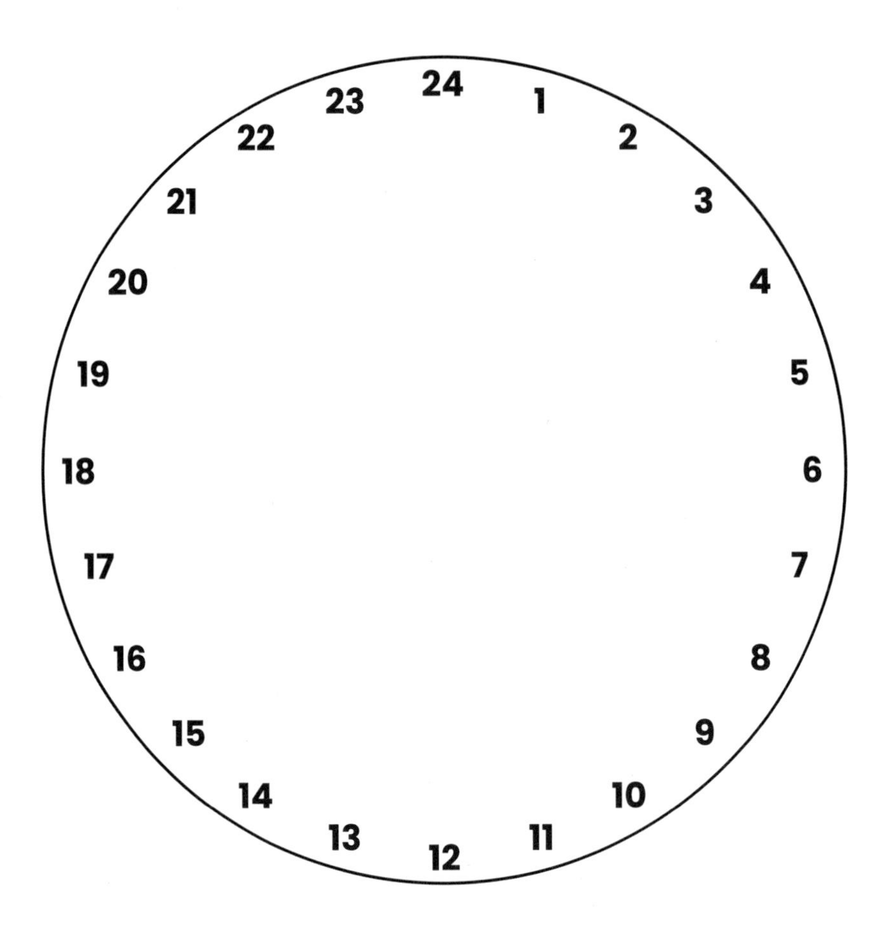

어릴 적 작성해 본 하루 생활계획표를 자신의 새로운 목표, 예를 들면 '행복한 부자 프로그램'에 맞는 시간계획표를 작성해 보면 어떨까요?

주말 일일 생활계획표(주말)

오전 (06~12시)	
오후 (12시~ 오후 6시) * 주간 평가	
저녁 (오후 6시~ 밤 12시)	

오늘의 성공기록

아침(기적을 일구어내는 미라클 모닝)

- 내가 집중하고 있는 삶의 목표는 무엇인가?
- 오늘 내가 실천해야 할 가장 중요한 과제는 무엇인가?
- 건강한 삶을 위해 당장 해야 할 운동과 식생활 습관혁명은?

자기확신을 위한 긍정적인 메시지

나의 목표 달성을 위해 오늘 반드시 이런 일을 실천할 것이다.

저녁(하루를 마감하며 응원의 메시지)

오늘 세운 계획을 잘 실했했나요?

1.	예	중간	아니오
2.	예	중간	아니오
3.	예	중간	아니오

오늘 배운 것은 무엇인가요? 어떻게 개선해 나갈 것인가요?

____

____

____

<오늘의 시크릿 노트> 꼭 잊지 말아야할 나를 위한 메모

____

____

____

* 《원하는 나를 만드는 오직 66일》 중에서 <오늘의 성공 기록> 188~189쪽을 수정·보완해서 만든 실천 프로그램이다.

주간 플랜

핵심 목표:

주요 실천과제 (1)

(2)

(3)

실행자: 본인 / 배우자 / 가족 착수일: 년 월 일

	주요 실천계획	비고
월		
화		
수		
목		
금		
토		
일		

월간 플랜

핵심 목표:

주요 실천과제 (1)

(2)

(3)

실행자: 본인 / 배우자 / 가족 착수일: 년 월 일

월	화	수	목	금	토	일

66일의 성공 플랜

핵심 목표:

주요 실천과제 (1)

(2)

(3)

실행자: 본인 / 배우자 / 가족 착수일: 년 월 일

1	2	3	4	5	6	7
8	9	10	11	12	13	14
15	16	17	18	19	20	21
22	23	24	25	26	27	28
29	30	31	32	33	34	35
36	37	38	39	40	41	42
43	44	45	46	47	48	49
50	51	52	53	54	55	56
57	58	59	60	61	62	63
64	65	66	D+1	D+2	D+3	D+4

행복한 부자 프로그램(6개월)

핵심 목표:

주요 실천과제 (1)

(2)

(3)

실행자: 본인 / 배우자 / 가족 착수일: 년 월 일

구분	내용
1개월 (목표/세부계획)	
2개월 (66일 플랜)	
3개월 (분기별 평가)	
4개월	
5개월	
6개월 (종합평가 연간계획 재수립)	

'행복한 부자 프로그램' 연간 플랜 (1)

핵심 목표:

주요 실천과제 (1)

(2)

(3)

실행자: 본인 / 배우자 / 가족 착수일: 년 월 일

10대 행동수칙	1 개월	2 개월	3 개월	4 개월	5 개월	6 개월
1						
2						
3						
4						
5						
6						
7						
8						
9						
10						

'행복한 부자' 프로그램 연간 플랜 (2)

핵심 목표:

주요 실천과제 (1)

(2)

(3)

실행자: 본인 / 배우자 / 가족 착수일: 년 월 일

10대 행동수칙	7 개월	8 개월	9 개월	10 개월	11 개월	12 개월
1						
2						
3						
4						
5						
6						
7						
8						
9						
10						

나의 자산관리 10대 원칙

포스트 코로나 시대를 맞이하여 어떻게 슬기로운 자산관리를 할 수 있을 것인가? 자산이란 될 수 있으면 많을수록 좋겠지만 자신의 의지대로 될 수 없으므로, 가장 중요한 것은 자신의 처지에 맞고 자기 행복을 지킬 수 있는 "행복한 부자가 될 수 있는 자산관리의 원칙"을 설정하는 것이 가장 중요하다.

특별한 1%가 생각하는 행복한 부자가 될 수 있는 슬기로운 자산관리의 10대 원칙은 다음과 같다.

'행복한 부자'가 되기 위한 자산관리 10대 원칙	Yes	No
1. 자신만의 '행복한 부자되기 프로그램' 계획을 수립한다.	☐	☐
2. 자산 현황을 파악하고, 자산관리의 목표를 설정한다.	☐	☐
3, 소득 현황을 파악하고, 적절한 지출이 이루어지도록 한다.	☐	☐
4. 자산관리의 구체적 방법과 플랜을 설정한다.	☐	☐
5. 자산 증식을 위한 다양한 포트폴리오 전략을 수립한다.	☐	☐
6. 부채 등 위험관리를 집중적으로 한다.	☐	☐
7. 내집 마련 계획 및 노후생활의 주거환경에 대비한다.	☐	☐
8. 가용할 수 있는 정보 및 네트워크를 최대한 가동한다.	☐	☐
9. 자산관리에 필요한 교육 및 자격증을 최대한 수료한다.	☐	☐
10. 자산관리에 대한 종합 평가를 하고 새 계획을 수립한다.	☐	☐

실천 프로그램

'행복한 부자'가 되기 위한 자산관리 원칙

1. 자신만의 '행복한 부자프로그램'의 핵심 목표를 설정한다.

2. 자산 및 부채현황을 상세히 파악한다.

3. 구체적인 실천과제와 시스템적인 계획을 수립한다.

4. 시기별로 중간 체크리스트를 통해 시스템을 업그레이드한다.

5. 가정과 국내외적 상황을 종합적으로 감안하여 대책을 수립

나의 자산과 부채현황

자산현황

	자산 내역 및 시가	비고
1. 유동자산 합계 현금 자유저축예금잔고 적금 적립액 정기예금 적립액 주식 및 채권 시가 펀드 등 투자자산 보험해약환급금		
2. 부동산 자산 합계 전·월세 보증금 거주용 주택 시가 투자용 주택 시가 토지·건물 시가		
총 자산합계(1+2)		

부채현황

	부채 금액	부채 탕감 계획
부채 마이너스 통장 각종 할부금 잔액 신용대출 약관대출 전세자금대출 주택자금대출 카드대금 사채 받아놓은 전·월세 보증금 기타		
부채 합계		

나의 현금흐름표

현금흐름표

월평균 수입		
항목		금액
금융 소득	이자/배당	
	기타	
	소계	
연금 소득	국민연금	
	소계	
임대 소득		
	소계	
기타 소득		
	소계	
수입 합계		

월평균 지출		
항목		금액
고정 지출	부채상환	
	세금	
	소계	
변동 지출	주거관리비	
	식비	
	문화생활비	
	용돈	
	병원비	
	소계	
저축 투자	예적금	
	보험/펀드	
	소계	
지출 합계		

1 원하는 아파트 혹은 연립주택 소재지와 이름, 평형을 쓰세요.

2 기준 날짜와 매매 가격을 쓰세요.

3 현재 보유한 자산을 쓰세요. 부동산, 임대보증금, 펀드, 저축금액을 저는 자산으로 봅니다.

4 연 수입을 쓰세요. 1년치 급여명세서를 떼어 월급과 상여금, 명절 보너스, 연차 수당 등은 따로 계산하세요.
이 둘을 합해 연 수입을 산정하면 됩니다.

5 1년간 저축할 수 있는 금액을 쓰세요.

6 원하는 집의 매매가에서 보유 자산을 뺀 금액을 쓰세요.

7 대출 받을 금액을 쓰세요.

8 총 필요한 돈에서 대출 받을 금액을 빼세요.

내 집 마련 계획

1 동 아파트 평/m^2

2 매매 가격 :

3 현재 자산 :

4 현재 수입 :

5 연간 저축 가능 금액 :

6 총 필요한 돈 :

7 대출 가능 금액 :

8 내 집 매수 시 필요한 돈 :

내 집 마련에 걸리는 기간 ______ 년

내 집 마련까지 몇 년이 걸리는지 쓰세요.
계산은 다음과 같이 합니다.

$$\frac{\text{내 집 매수 시 필요한 돈 (총 필요한 돈 2억 5,000만 원 - 대출금 2억 원)}}{\text{연 저축 (2,5000만 원)}} = \text{2년}$$

김유라, 《2023 내 집 마련 가계부》

부의 본능을 깨우는 도구 - 가계부 쓰기

	년	1월	2월	3월	4월	5월	6월
	항목	금액	금액	금액	금액	금액	금액
수입	고정수입(월급)						
	연말성과급						
	명절상여금						
	양육수당						
	기타·임시수입						
	합계						
고정 지출	저축						
	보험						
	대출						
	주거						
	세금·공과금						
	통신·TV						
	예비비						
변동 지출	교육(육아)						
	식비						
	생활용품						
	의복미용						
	교통·차량유지비						
	의료						
	여가(가족용돈)						
	기타						
	합계						

	년	7월	8월	9월	10월	11월	12월
	항목	금액	금액	금액	금액	금액	금액
수입	고정수입(월급)						
	연말성과급						
	명절상여금						
	양육수당						
	기타·임시수입						
	합계						
고정 지출	저축						
	보험						
	대출						
	주거						
	세금·공과금						
	통신·TV						
	예비비						
변동 지출	교육(육아)						
	식비						
	생활용품						
	의복미용						
	교통·차량유지비						
	의료						
	여가(가족용돈)						
	기타						
	합계						

행복한 부부 10계명 만들기

'행복한 부자'가 되기 위해서는 무엇보다 먼저 부부가 함께 '행복'하고 '부자'가 되어야 한다. 세상에는 불행한 부부관계이면서 행복한 부자가 된 경우는 거의 없다. 따라서 행복한 부자 프로그램의 핵심에는 행복한 부부관계의 토대위에서 행복한 가정이 필수적으로 요구된다.

'행복한 부자'가 되기 위한 '행복한 부부 10계명'	Yes	No
1. 배우자가 서로 역지사지하는 마음으로 상호 존중한다.	☐	☐
2. 가사노동을 분담하며, 아내의 사회 생활을 적극 돕는다.	☐	☐
3. 버킷리스트를 작성하여 부부만의 즐거운 시간을 갖는다.	☐	☐
4. 각자 하고 싶은 일은 마음껏 하고, 상호 지원한다.	☐	☐
5. 자녀의 행복이 곧 부부의 행복이다.	☐	☐
6. 친구같고 연인같은 부부관계를 유지한다.	☐	☐
7. 처가와 시댁을 상호 배려한다.	☐	☐
8. 남편과 아내의 역할을 서로 바꿔본다.	☐	☐
9. 서로 칭찬해준다. 단 불편하고 예민한 대화도 소통한다.	☐	☐
10.냉전은 있어도 전쟁은 없다. 부부가 싸워도 한 방을 쓴다.	☐	☐

< 시크릿 노트 >

당신의 부부생활은 몇 점인가요? 당신 스스로의 점수, 배우자에 대한 점수는 몇 점인가요? 재미삼아 테스트 해 보세요.

실천 프로그램

우리 부부의 <행복한 부부 10계명 만들기>

	행복한 부자가 되기 위한 우리 부부의 10계명
1	
2	
3	
4	
5	
6	
7	
8	
9	
10	

< 작성시 유의사항 >

우리 부부의 10계명인 만큼, 서로 상의해서 작성해 봅시다. 각자가 생각하는 수칙을 정리하고 이를 종합정리하면 아주 행복한 부부 10계명이 될 것입니다.

가정생활을 행복하게 만드는 비결

세계에서 가장 권위있는 리더쉽 이론가인 데일 카네기는 행복한 가정을 유지하는 7가지 비결중에서 놀랍게도 <잔소리 하지 말 것>과 <균형적인 성 생활>을 강조하한다. 어쩌면 너무 사소해 보이는 부부관계의 불편사항지만, 카네기는 이 두가지 문제가 부부관계를 파탄으로 몰아가는 가장 큰 요인이자, 행복한 가정생활의 열쇠로 강조한다.

① 가정을 무덤으로 만드는 빠른 방법, 잔소리하지 마라
② 장점을 인정하라
③ 이혼법정으로 가는 빠른 방법, 남의 결점을 들추지 마라
④ 왜 칭찬하지 않는가
⑤ 작은 관심을 표현하라
⑥ 예의를 갖춰라
⑦ 가정 불화의 최대 난관은 성적 불화다

데일 카네기, 《인간관계론》

특히 카네기는 "이혼문제에 관한 권위자들은 하나같이 성생활의 균형을 유지하는 것이 결혼생활에 꼭 필요하다고 말한다"고 강조하다.

< 시크릿 노트 >

여러분은 카네기의 7가지 비결에 동의하십니까? 동의 여부를 떠나 여러분의 아내와 남편에게 잔소리는 얼마나 하고 있으며, 성 생활의 균형을 위해서는 어떤 노력을 기울이고 계신가요? 한번 체크해 보세요.

실천 프로그램

카네기의 가정생활을 행복하게 만드는 <잔소리 하지 않기> <배우자의 단점 들추지 않기>를 실천할 방법은 무엇이 있을까요? 부부간에 한 번 작성해 보시죠?

1. 남편이 아내에게 한 잔소리(남편 작성)

____

____

____

2. 남편이 아내에게 한 잔소리(아내 작성)

____

____

____

3. 행복한 가정을 위한 부부의 약속(아내와 남편의 대화를 통한 합의 작성)

____

____

____

부부와 가족간의 소통을 위한 대화 주제

(부부용/ 자녀용 / 부모용)

부부간에, 가족 간에 상호 소통이 가장 필요한 대화 주제는 무엇인가요? 체크해 보세요. 하나의 주제를 정하여 솔직한 대화를 나누어 보세요. 예상치 않은 비밀의 문이 열릴 것입니다.

돈 ☐ 건강 ☐ 행복 ☐ 사랑 ☐

직업(일자리) ☐ 부부관계 ☐ 대인관계 ☐

종교 ☐ 시댁/처가/친척 ☐ 성 ☐

은퇴 ☐ 죽음 ☐ 자녀 ☐ 취미생활 ☐

기타 주제 ☐

< 시크릿 노트 >

부부관계 및 행복한 가정을 위해서 적절한 주제를 선택하여, 정기적으로 소통을 해 보거나 사랑의 편지를 교환해 보시라.

부부 싸움의 10가지 요령
- 우리 부부는 잘 싸우고 있는가?

아내와 함께 오랜 동안 참여하는 부부모임에서 배우고 고쳐나가고 있는 10가지 부부소통법이다. 쉽지는 않지만, 반드시 실천해야 할 부부 싸움의 10가지 요령이다.

부부 관계를 성장시키는 부부 소통법

1. 배우자의 의견을 경청하라
2. 흥분해서 감정적인 표현을 하지말라
3. 비평하기 보다는 배우자의 감정을 잘 읽으라
4. 모독하는 말을 하지 말라
5. 배우자 탓을 하지말라
6. 끝장을 보기 위해 논쟁하지 말라
7. 삼자를 개입시키지 말라
8. 이기려고 싸우지 말라
9. 때로는 배우자에게 사랑의 편지를 쓰라
10. 부부관계를 발전시키는 방향으로 대화하라

부부간에 보내는 시크릿 러브 레터

배우자에게 쓰는 사랑의 편지(Love Letter)
쓰고 난 이후 서로 바꿔 읽으면서 진실된 소통을 해 보시라.
(때로는 부모와 자녀간에도 사랑의 편지를 교환해도 좋습니다)

1. 남편이 아내에게

2. 아내가 남편에게

3. 사랑의 편지를 교환한 이후의 느낌

건강검진 체크리스트

저자가 오랫동안 지속적인 관리를 해 온 00병원의 종합 건강 검진 체크리스트를 중심으로, 질병관리본부 및 여러 전문 병원기관의 자료를 참조하여 종합적으로 10대 체크리스트를 정리해 보았다.

1. 비만(과체중,비만) ☐
2. 고혈압 ☐
3. 당뇨병 ☐
4. 심뇌혈관질환(뇌졸증, 심근경색 포괄) ☐
5. 암(위암, 대장암, 유방암, 자궁경부암, 폐암, 간암, 식도암 등) ☐
6. 우울증 ☐
7. 이상지질혈증(고콜레스테롤혈증 의심, 고중성지방혈증, 저 HDL 콜레스테롤 의심) ☐
8. 신장 및 간 질환(신장, 간 기능 이상) ☐
9. 노인성 질병(치매) ☐
10. 기타 질병 ☐
    - 만성피로증후군 / 빈혈 / 시각이상 / 청각이상 / 구강건강(치아)
    - 요단백(단백뇨 의심) / B형 간염 / 골밀도 검사

최근 병원에서 하는 종합검진 체크리스트는 대체로 다음과 같다.

① 질환력(과거력, 가족력)

② 흡연 및 전자담배

③ 음주

④ 신체활동(운동)

⑤ 인공지능장애 평가도구 - 66세 이상

⑥ 직무스트레스

⑦ 암검진 문진표(위암,유방암,대장암,자궁경부암,폐암,간암 외)

⑧ 구강검진 등이다.

그리고 <생활습관 평가 문진표> 형태로 흡연 및 음주, 영양, 비만, 운동 등 5가지에 대한 구체적인 생활습관 조사를 하고 있다. 건강에 있어서도 생활습관의 중요성을 이해할 수 있는 대목이다.

<시크릿 노트> 작성시 유의사항

가급적 배우자 및 가족과 함께 종합 건강검진표를 보면서 별도로 작성해 본다.

신종 감염병 예방에 가장 중요한 면역력 강화와 기저질환 치료에 집중한다.

건강검진 결과중에서 가장 취약한 부분을 집중 체크하는 것도 바람직하다.

일간~주간~월간~6개월~연간 단위로 종합 추진한다.

중간 체크리스트를 통해 자신의 건강 목표를 개선해 나간다.

나의 건강검진 결과

검진기관/날짜		검진결과/주의사항/조치내용
1		
2		
3		
4		
5		

배우자 및 가족의 건강검진 결과

검진기관/날짜		검진결과/주의사항/조치내용
1		
2		
3		
4		
5		

우리 집안의 가족병력 및 복용 약물

구분	본인	배우자
조부모		
부모		
형제		
본인		
자녀		

복용중인 약물

진단명	장기복용약물	복용기간

꾸준하게 할 수 있는 운동계획

운동 종류		내용
1		
2		
3		
4		
5		

내 몸 만들기 6개월 프로그램

핵심 목표:

주요 실천과제 (1)

(2)

(3)

실행자: 본인 / 배우자 / 가족　　　　착수일:　　년　　월　　일

1개월 (목표/세부계획)	
2개월 (66일 플랜)	
3개월 (분기별 평가)	
4개월	
5개월	
6개월 (종합평가/ 연간계획 재수립)	

가정 내 신종 감염병 예방을 위한 가장 중요한 10대 수칙

'포스트' 코로나 시대를 준비하면서 가장 우선시해야 하는 수칙이 있다. 그것은 다름아니라 내 자신과 우리 가정의 '코로나19 바이러스와 같은 신종 감염병을 예방하기 위한 철저한 방역 수칙의 준수'이다.

<가정 내 신종 감염병 예방을 위한 10대 수칙>	Yes	No
1. 개인 증상 체크(발열 등)	☐	☐
2. 가족 내 증상 및 기저질환 체크(코로나 외 특이증상)	☐	☐
3. 신종 감염병 관련 신정보 공유 및 대처	☐	☐
4. 가족 보건위생 습관(기침, 재채기, 마스크 등)	☐	☐
5. 깨끗한 실내환경(환기 및 소독)	☐	☐
6. 적절한 운동(면역력 강화)	☐	☐
7. 안전한 식습관	☐	☐
8. 사회적 거리두기 실천(직장 및 종교활동)	☐	☐
9. 가족 간의 소통 및 사회적 연대활동(소셜 동호인 활동)	☐	☐
10. 가정 내 '신종 감염병 예방 수칙'의 종합 점검 및 개선	☐	☐

TIP

코로나19 바이러스가 소강 국면에 접어들었다고 해서, 감염병과의 전쟁이 끝난 것이 결코 아니다. 이제는 오미크론 변이바이러스, 원숭이 두창 바이러스 등 다양한 신종 바이러스가 언제든 우리들의 행복한 삶을 위협할 수 있다. 따라서 가정 내에서 신종 감염병 예방을 위한 10대 수칙에 대한 사전적 점검은 아무리 강조해도 지나치지 않을 것이다.

우울증 진단표 및 우울증 예방수칙

'행복한 부자'로 가는 길목에서 건강 특히 마음의 건강은 아주 중요하다. 그렇다면 나는 '우울증'에 걸렸는가? 자가진단을 한 번 해보자.

< 질문 >
지난 2주간 얼마나 자주 다음과 같은 문제들로 곤란을 겪으셨습니까? 지난 2주 동안에 아래와 같은 생각을 한 날을 헤아려서 해당하는 숫자에 표시하세요.

삼성 서울병원의 우울증 진단표	점수
1. 기분이 가라앉거나, 우울하거나, 희망이 없다고 느꼈다.	
2. 평소 하던 일에 흥미가 없고 즐거움을 느끼지 못했다.	
3. 잠들기가 어렵거나 자주 깼다 혹은 너무 많이 잤다.	
4. 평소보다 식욕이 줄었다 혹은 평소보다 많이 먹었다.	
5. 평소보다 말과 행동이 느려졌다.	
6. 너무 안절부절 못해서 가만히 앉아있을 수 없었다.	
7. 피곤하고 기운이 없었다.	
8. 내가 잘못 했거나, 실패했다는 생각이 들었다. 혹은 가족을 실망시켰다고 생각했다.	
9. 신문이나 TV 등 일상적인 일에도 집중할 수가 없었다.	
10. 차라리 죽는 것이 낫다고 생각하거나 자해를 생각했다.	

<작성 및 평가시 유의사항>
해당 사항에 없으면 0점, 며칠동안이면 1점, 일주일 이상이면 2점, 거의 매일이면 3점, 종합 점수가 10점 이상이면 심한 코로나 블루로 평가 <출처: 헬스조선 2020. 4.13>

행복한 부자가 되기 위한 우울감 해소 예방수칙

마음의 우울감을 해소할 수 있는 예방수칙에 대해서는 서울의 아산병원이 다음과 같이 10가지 체크리스트를 정확히 제시해주고 있다.

우울감 해소를 위한 10대 예방수칙(서울 아산병원, 경향)	Yes	No
1. 신종 감염병에 대한 개인위생 철저 준수	☐	☐
2. 가짜뉴스나 자극적 정보 멀리하기	☐	☐
3. 무기력한 기분에서 벗어나 규칙적인 일상생활 시작	☐	☐
4. 휴식, 균형잡힌 식사, 적당한 운동으로 신체건강 유지	☐	☐
5. 금연과 술, 청량음료, 인스턴트 식품 줄이기	☐	☐
6. 음악, 목욕, 명상을 통해 긴장 푸는 시간 충분히 갖기	☐	☐
7. 혼자 고립감 느끼지 않도록 가족-친지와 자주 소통하기	☐	☐
8. 보건당국의 정확한 정보를 접하고 자신의 상태 판단하기	☐	☐
9. 확진자 및 가족은 보건 당국에 연락해서 사후 조치	☐	☐
10. 정신상담이 필요하면 위기상담전화 통해 도움받기	☐	☐

* 서울 아산병원과 대한 소아청소년자료를 종합하여 재구성

은퇴 이후 행복한 노후를 위한 SWOT분석

나의 장점과 단점, 기회와 위험은 무엇일까요?

장점	단점

기회	위험

은퇴 후 주거계획

구분	검토 사항	체크
주거 형태	① 살던 집에서 계속 거주	
	② 전원주택	
	③ 실버타운	
	④ 귀농귀촌 검토 사항	
	⑤ 해외은퇴 이민	
주거 시설 (유니버설 디자인)	① 문턱은 높지 않은지?	
	② 계단은 가파르지 않고 안전손잡이는 있는지?	
	③ 욕실에 미끄럼 방지시설이 있는지?	
위치 선정	① 주변은 안전한지?	
	② 습기가 많지 않고 날씨는 따뜻한지?	
	③ 병원은 가까운지?	
	④ 대중교통은 이용하기 편리한지?	
	⑤ 이웃과 왕래할 수 있는 곳인지?	
	⑥ 귀농귀촌 시 가족들의 반대는 없는지?	

은퇴 후 하고 싶은 버킷리스트

하고 싶은 일	필요 요건

적정한 생활비 확보 체크리스트

현금흐름표

월평균 수입		
항목		금액
금융 소득	이자/배당	
	기타	
	소계	
연금 소득	국민연금	
	소계	
임대 소득		
	소계	
기타 소득		
	소계	
수입 합계		

월평균 지출		
항목		금액
고정 지출	부채상환	
	세금	
	소계	
변동 지출	주거관리비	
	식비	
	문화생활비	
	용돈	
	병원비	
	소계	
저축 투자	예적금	
	보험/펀드	
	소계	
지출 합계		

<죽기 전에 꼭 하고싶은 10가지 버킷 리스트>

	본인	실행계획 (장소, 시기, 동반자 등)
1		
2		
3		
4		
5		
6		
7		
8		
9		
10		

가족 및 지인과 함께 떠나고 싶은 힐링 여행계획

핵심 목표:

주요 실천과제 (1)

(2)

(3)

실행자: 본인 / 배우자 / 가족 착수일: 년 월 일

	본 인	배우자/자녀/부모	실행계획(시기 등)
1			
2			
3			
4			
5			
6			
7			
8			
9			
10			

유언장 미리 써 보기

은퇴 후에 해야 할 일 중에 하나는 사후에 행복한 가정이 유지되기 위해서 유언장을 만들어 보는 것이다. 유언을 남기는 방법은 자필증서, 녹음, 공정증서, 비밀 증서, 구두 증서가 있다.

하지만 실재 법적 효력이 있는 유언장을 쓰기 전에 행복한 노후를 위해 비단 재산상의 증여 차원을 넘어서서 자녀들을 위한 가상의 유언을 남기는 것도 의미가 있을 것이다.

일반적으로 유언장 작성의 예시는 다음과 같다.

유언장 내용	필수사항
유언장 **유언자: 홍길동** **생년월일:**	**성명**
주소: 전화:	**현주소**
유언사항 **1. 나는 다음과 같이 유언합니다.** **가. 재산의 유증** **나. 기타 사항(가족에 대한 유언)**	**전문**
작성일자 : **유언자 성명　홍 길 동 (인)**	**작성일 날일 또는 무인**

유언장을 작성해 보세요.

나만의 행복한 부자 10계명

1. 자신이 신종 감염병 바이러스에 감염되지 않는다.

2. 가족 역시 '신종 감염병 예방'에 성공하도록 협조한다.

3. 포스트 코로나 시대의 '자기만의 뉴노멀'을 만든다.

4. '행복한 부자'가 되기 위한 '성공 플랜'을 실천한다.

5. '몸과 마음의 건강관리'에 집중한다.

6. '작지만 확실한 행복'(소확행)을 위해 노력한다.

7. '재산'의 액수보다 '행복을 위한 자산가치'에 주력한다.

8. 자신의 존재감과 행복감을 드높일 수 있는 일을 한다.

9. 공동체와 사회의 공공선을 위해 연대와 협력을 한다.

10. 행복한 노후를 위해 최대한 성실히 자산관리를 한다.

최성, 《K-방역의 진짜 힘: 코로나 전쟁을 이겨내는 10가지 비결》

< 시크릿 노트 >

포스트 코로나 시대에 행복한 부자가 되기 위해서는 우선 신종 감염병과의 전쟁에서 승리해야 하고, 이를 토대로 가족의 건강과 행복을 지켜야 한다. 여기에서 한 걸음 더 나아가 <포스트 코로나 시대의 뉴 노멀을 정확히 예측하고, 코로나 위기를 기회로 만드는 실천에 성공한다면 행복한 부자의 꿈은 이루어질 것이다. 최성의 포스트 코로나 시대, 행복한 부자 10계명은 <행복한 부자 프로그램(HRP)>의 핵심이 아닐 수 없다.

실천 프로그램

나와 우리 가족의 <행복한 부자 10계명> 작성해보기

	나와 우리 가족의 <행복한 부자 10계명>
1	
2	
3	
4	
5	
6	
7	
8	
9	
10	

‘행복한 부자’가 되기 위한 첫 걸음 - ‘창조적 일자리 찾기’

창조적 일자리 찾기’ 10대 기본 원칙	Yes	No
1. 국제 경제 상황이 어떻게 진행될 것인지를 파악한다.	☐	☐
2. 국내외적 상황이 나와 가족에 미칠 영향을 예측한다.	☐	☐
3. 내가 처한 상황을 SWOT 분석을 통해 정확히 파악한다.	☐	☐
4. 일자리 찾기의 목표를 명료히 설정한다.	☐	☐
5. 나의 자산, 부채, 투자가능한 자원 등을 평가한다.	☐	☐
6. 일자리 창출의 플랜을 구체적으로 수립한다.	☐	☐
7. 내 상황에 맞는 맞춤형 일자리의 방향을 찾는다.	☐	☐
8. 집을 ‘새로운 시작’의 베이스 캠프로 새롭게 리모델링한다.	☐	☐
9. 첨단화된 정보와 기술을 최대한 습득한다.	☐	☐
10. 은퇴 후 노후생활까지를 감안해서 일자리를 찾는다.	☐	☐

< 작성시 유의사항 >

포스트 코로나 시대에 “행복한 부자”가 될 수 있는 자신의 일자리를 창의적으로 찾는다.
SWOT 분석에 따라 자신의 장점과 단점, 기회와 위험요소를 종합적으로 작성해 본다.
현재 하고 있는 일과 앞으로 하고 싶은 일을 종합적으로 판단해서 작성한다.
‘창조적 일자리’를 찾기 위해 핵심 목표와 실천과제를 도출한다.
HRP 성공플랜 외에도 단기, 중장기 계획을 함께 수립한다.

나의 일자리 창출을 위한 SWOT 분석

S(강점) 나의 강점과 경쟁력은? (아이디어/네트워크/ 자본력 등)	W(약점) 내가 극복해야 할 약점은? (자본력/ 조직/ 전문성 등)
O(기회) 나에게 주어진 기회는? (국제적 기회/국내상황/주변네크워크 등)	**T(위협) 내 앞에 높인 장애물과 위협요소는? (코로나 방역 및 경제상황/ 자본력 등)**

< 작성시 유의사항 >

자신과 기업(사업체)의 발전, 창업, 전직 등을 종합적으로 고려하여 작성한다.

공부의 신(神)의 공부 습관 따라하기

다양한 공부법 중에서 큰 반향을 일으킨 사례 중의 하나가 “공부의 신”이라는 별명을 얻은 강성태씨의 <66일 공부법>이다.

강성태씨는 이 66일 공부법을 통해 지금까지 수많은 학생들의 성적을 완전히 바꿔 놓았다고 자평한다. 그 결과 강성태의 66일 공부법을 알려주는 유튜브 채널은 1억 7천만 뷰, 시청시간 11억분, 구독자 수는 100만명에 육박한 바 있다고 자평한다.

그런 경험을 공유하면서 “강성태의 66일 공부법” 중에서 ‘공신이 죽어도 지키는 33가지 공부 습관’을 읽으며 크게 공감하는 10가지를 우선순위대로 추출해 보았다. 공부 잘하는 자녀도 부모 입장에서는 사실 큰 행복이다.

공신이 죽어도 지키는 공부 습관	Yes	No
1. 내가 공부해야 하는 이유를 생각하면서 공부한다.	☐	☐
2. 나에게 맞는 새로운 공부법을 찾아가면서 한다.	☐	☐
3. 공부가 잘되는 시기에 중요하거나 어려운 공부를 한다.	☐	☐
4. 새 습관을 만들기로 마음먹고 실제로 만들었던 적이 있다.	☐	☐
5. 매일 예습 혹은 복습하는 타이밍을 지킨다.	☐	☐
6. 순수 공부 시간을 측정해 본 적이 있다.	☐	☐
7. 공부에 지쳤을 때 휴식하거나 힐링하는 방법이 있다.	☐	☐
8. 공부에 자극을 주는 동료 혹은 라이벌이 있다.	☐	☐
9. 교재나 노트에 중요한 부분이 한눈에 보이게 표시돼 있다.	☐	☐
10. 시험이 끝난 후 틀린 문제의 원인을 분석한다.	☐	☐

강성태, 《강성태 66일 공부법》

'공신이 죽어도 지키는 공부 습관' 66일의 성공플랜

핵심 목표:

주요 실천과제 (1)

(2)

(3)

실행자: 본인 / 배우자 / 가족 착수일: 년 월 일

1	2	3	4	5	6	7
8	9	10	11	12	13	14
15	16	17	18	19	20	21
22	23	24	25	26	27	28
29	30	31	32	33	34	35
36	37	38	39	40	41	42
43	44	45	46	47	48	49
50	51	52	53	54	55	56
57	58	59	60	61	62	63
64	65	66	D+1	D+2	D+3	D+4

위기를 기회로 만드는 스마트 위기관리 시스템 작성

향후 '포스트 코로나 시대의 새로운 뉴노멀'을 습관화하여, 행복한 부자 프로그램이 성공할 수 있는 해법은 무엇인가?

1. 골든타임을 놓치지 마라

'신종 감염병' 등 글로벌 위기를 기회로 활용

골든타임을 적극 활용하여 자신의 목표 달성

2. 빅데이터를 적극 활용하라

신종 바이러스 및 우크라이나 전쟁 등 빅데이터 활용

'행복한 부자 프로그램' 등 자신의 목표 관련 빅데이터 활용

3. 통합적 위기관리가 꼭 필요하다

행복과 건강 그리고 부자에 대한 통합적 위기관리 계획 수립

가정 내 건강과 자산관리 그리고 직장 사이의 워라밸 플랜 작동

포스트 코로나 시대, 뉴노멀 위한 통합적 시스템 가동

4. 돌발리스크에 대비하라

개인적으로나 국가적으로 예측 불가능한 리스크 대비

자신과 관련 돌발리스크 발생 시 플랜B 등 비상 대책 마련

국제적인 경제위기 및 북한 핵문제 등 돌발리스크 대비

5. 현장 전문가가 가장 중요하다

포스트 코로나 시대 자산관리 계획 등 전문가 의견 청취

'글로벌 경제전쟁' 역시 각계 전문가의 의견 존중

'행복한 부자 프로그램'의 성공을 위한 전문가 의견 경청

6. SNS를 적극 활용하라

가짜뉴스보다는 정부 등 권위 있는 기관의 정보 활용

소셜 네트워크를 활용한 개인 및 기업과 국가의 위기관리

7. 원칙을 지키되, 유연하게 대응하라

'행복한 부자'가 되기 위한 원칙과 실질적인 프로그램 마련

생활방역 수칙은 준수하되, 현장에 맞게 유연하게 대응

8. 분권화된 의사결정을 하라

'행복한 부자 프로그램' 관련 전문가의 분권화된 의사결정

구체적인 목표 달성을 위해 각 분야 전문가 의견 수렴

9. 위기관리의 피드백이 중요하다

행복한 부자 프로그램의 성공을 위한 종합적 피드백 필수

자신의 목표를 추진하는데 있어서 시행착오의 전면 개선

각종 돌발상황에 대비한 위기관리 시스템 피드백

10. 스마트 시스템을 업그레이드하라

개인적 차원의 문제점 보완 및 새로운 목표 설정을 위한 정비

자신의 최종 목표를 달성할 수 있는 시스템 업그레이드 추진

최성, <위기관리 시스템 혁명>

TIP

《특별한 1%의 행복한 부자 노트》를 통해서 직접 계획하고 실천 프로그램을 작성해 본 것을 토대로 부록(266쪽~328쪽)에서 <나만의 행복한 부자 노트>를 실행에 옮겨 보자.

실천 프로그램

나의 '행복한 부자 프로그램(HRP)' 구상

1. 골든타임을 놓치지 마라

2. 빅데이터를 적극 활용하라

3. 통합적 위기관리가 꼭 필요하다

4. 돌발리스크에 대비하라

5. 현장 전문가가 가장 중요하다

6. SNS를 적극 활용하라

7. 원칙을 지키되, 유연하게 대응하라

8. 분권화된 의사결정을 하라

9. 위기관리의 피드백이 중요하다

10. 스마트 시스템을 업그레이드하라

내가 꼭 바꾸고 싶은 10가지 습관혁명

핵심 목표:

실천과제 (습관) (1)

(2)

(3)

실행자: 본인 / 배우자 / 가족　　　　착수일:　　년　　월　　일

	과거의 습관	새로운 습관(뉴노멀)
1		
2		
3		
4		
5		
6		
7		
8		
9		
10		

IDEAS & NOTES

IDEAS & NOTES

IDEAS & NOTES

참고문헌

1단계: 당신을 행복한 부자로 이끄는 방법

피터 드러커, 프랜시스 헤셀바인 & 조안 스나이더 컬, 유정석 옮김, 《피터 드러커의 최고의 질문》, 다산북스, 2019.

이사카 야스시 & 피드백 수첩 연구회, 김윤수 옮김, 《드러커 피드백 수첩》, 청림출판, 2017.

데일 카네기, 이동연 옮김, 《부자가 되는 6가지 방법》, 시간과공간사, 2010.

데일 카네기, 최종옥 옮김, 《데일 카네기 인간관계론》, 책이있는마을, 2020.

데일 카네기, 최염순 옮김, 《카네기 인간관계론》, 씨앗을 뿌리는 사람, 2009.

데일 카네기, 최염순 옮김, 《카네기 행복론》, 씨앗을 뿌리는 사람,2012.

나폴레온 힐, 김정수 편역, 《나폴레온 힐 성공의 법칙》, 중앙경제평론사, 2022.

나폴레온 힐, 이지현 옮김, 《놓치고 싶지 않은 나의 꿈 나의 인생 1, 2, 3》, 국일미디어, 2021

나폴레온 힐, 이지현 옮김, 《놓치고 싶지 않은 나의 꿈 나의 인생 1, 2, 3》, 국일미디어, 2021자브리나 하아제, 오지원 옮김, 《원하는 나를 만드는 오직 66일》, 위즈덤하우스, 2020.

유태우, 《내몸개혁 6개월 프로젝트》, 김영사, 2005.

김대중, 《다시, 새로운 시작을 위하여》, 김영사, 2009.

김대중, 《김대중옥중서신》, 한울, 2000.

최성, 《위기관리 시스템 혁명》, 다산초당, 2019.

최성, 《K-방역의 '진짜' 힘》, K-크리에이터, 2020.

최성 엮음, 《김대중 잠언집: 배움》, 다산책방, 2007.

최성, 《부자 엄마, 행복한 아빠 프로젝트》, 연인,2000.

2단계: 특별한 1%의 행복한 부자의 길

장샤오헝, 최인애 옮김, 《마음의 속도를 늦춰라》, 다연, 2020.
딘 그라지오시, 권은현 옮김, 《백만장자의 아주 작은 성공 습관》, 갤리온, 2020.
김승호, 《돈의 속성》, 스노우폭스북스, 2020.
토니 노나카, 황혜숙, 《왜 부자들은 자꾸 더 부자가 되는 걸까?》, 예인, 2014.

3단계: 행복한 부자로 가는 확실한 10가지 법칙

조성희, 《더 플러스》, 다산북스, 2020.
롭 무어, 이진원 옮김, 《결단: 자수성가 백만장자들의 압도적 성공 비밀》, 다산북스, 2019.
하브 에커, 나선숙 옮김, 《백만장자 시크릿》, 알에이치코리아, 2020.
라이너 지텔만, 서정아 옮김, 《부의 선택》, 위북, 2020.
팀 페리스, 박선령 & 정지현 옮김, 《타이탄의 도구들》, 토네이도, 2020.
오그 만디노, 홍성태 옮김, 《위대한 상인의 비밀》, 월요일의꿈, 2020.

4단계: 절망속에서 행복한 부자가 되는 열 가지 습관

데일 카네기, 노태복 & 강성복 옮김, 《데일 카네기 1% 성공습관》, 리베르, 2008.
데이먼 자하리아데스, 고영훈 옮김, 《작은 습관 연습》, 더난출판, 2020.
나폴레온 힐, 고영훈 옮김, 《나폴레온 힐 부자수업》, 알에이치코리아, 2021.
스티븐 코비, 김경섭 옮김, 《성공하는 사람들의 7가지 습관》, 김영사, 2017.
스티븐 기즈, 구세희 옮김, 《습관의 재발견》, 비즈니스북스, 2014.
딘 그라지오시, 권은현 옮김, 《백만장자의 아주 작은 성공 습관》, 갤리온, 2020.
월러스 워틀스, 정성호 옮김, 《부를 얻는 기술》, 스타북스, 2010.

5단계: 행복한 부자가 되기 위한 10가지 단계

로버트 기요사키, 안진환 옮김, 《부자 아빠 가난한 아빠》, 민음인, 2020.

키스 캐머런 스미스, 신솔잎 옮김, 《더 리치》, 비즈니스북스, 2020.

월레스 D. 와틀스, 송여울 옮김, 《부자 마인드셋》, 슬로디미디오,2018.

이영호, 《오프라 윈프리의 대화법》, 스마트비즈니스, 2017.

아파테이아, 《마흔살, 행복한 부자 아빠》, 길벗, 2012.

자명, 《숨겨진 부의 설계도》, 지식공감, 2019.

할 엘로드, 김현수 옮김, 《미라클 모닝》, 한빛비즈, 2016.

보도 섀퍼, 박성원 옮김, 《멘탈의 연금술》, 토네이도, 2020.

6단계: 특별한 1% 부자의 돈 관리 시스템

모건 하우절, 이지연 옮김, 《돈의 심리학》, 인플루엔셜, 2021.

이타가키 에이켄, 김정환 옮김, 《손정의 제곱법칙》, 한국경제신문, 2015

롭 무어, 이진원 옮김, 《머니: 새로운 부의 법칙》, 다산북스, 2018.

보도 섀퍼, 이병서 옮김, 《돈》, 북플러스, 2020.

강용수, 《서민의 부자되기 습관》, 리더북스, 2020.

김도사 & 권마담, 《부와 행운을 끌어당기는 우주의 법칙》, 굿웰스북스, 2020.

브라운스톤, 《부의 본능》, 토트출판사, 2018.

김유라, 《2023 내 집 마련 가계부》, 한국경제신문, 2022.

7단계: 1% 최고의 부자집에서 찾은 행복한 집의 비결

야노 케이조, 장인주 옮김, 《부자의 집》, 경향BP, 2017.

엠제이 드마코, 신소영 옮김, 《부의 추월차선》, 토트출판사, 2013.

김진혁, 《행복한 부자로 만드는 황금열쇠》, 리더스하이, 2007.

김수현, 《나는 나로 살기로 했다》, 마음의숲, 2016.

이영권, 《부자 가족으로 가는 미래설계》, 국일증권경제연구소, 2006.

데일 카네기, 최종옥 옮김, 《데일 카네기 인간관계론》, 책이있는마을, 2020.

권선영, 《부자엄마 투자수업》, 길벗, 2021.

강성태, 《강성태 66일 공부법》, 다산에듀, 2019.

데이브 휴즈, 《이제 은퇴해도 될까요? 》, 탐나는책, 2020.

8단계: 행복한 부자의 건강 관리 비법

마이클 로이젠 & 메멧 오즈, 유태우 옮김, 《새로만든 내몸 사용설명서》, 김영사, 2014.

9단계: 스마트 위기관리 시스템 10대 수칙

김대중, 《김대중옥중서신》, 한울, 2000.

김대중, 《다시, 새로운 시작을 위하여》, 김영사, 2009.

최성, 《K-방역의 '진짜' 힘》, K-크리에이터, 2020.

코로나 위기관리 글로벌 평가단 엮음, 《코로나 위기극복을 위한 새 정부 혁신정책 제안서》, 코로나 위기관리 글로벌 평가단, 2022.

10단계: 행복한 부자 프로그램(HRP)

최성, 《위기관리 시스템 혁명》, 다산초당, 2019.
최성."스마트 국가위기관리시스템의 도입 및 정착방안 - 4차 산업혁명의 성과를 중심으로".한양대학교 대학원 행정학박사 학위논문, 2019.

기타: 《특별한 1%의 행복한 부자 노트》 참고자료

게리 바이너척, 김진희 옮김, 《크러싱 잇! SNS로 부자가 된 사람들》, 씨앤에이치북스, 2019.
고환상 외 《뉴노멀로 다가온 포스트 코로나 세상》, 지식플랫폼, 2020.
김미경, 《리부트 위너 노트-위기속에서 나만의 해답을 찾는 100일 노트》, 웅진지식하우스, 2020.
김상균 & 신병호, 《메타버스 새로운 기회》, 베가북스, 2021.
김진호 & 최용주, 《빅데이터 리더십》, 북카라반, 2018.
네모토 히로유키, 김윤경 옮김, 《라이프워크 습관법》, 니들북, 2020.
노경탁, 《메타버스로 가는 NFT 로드맵》, 리치캠프, 2022.
론다 번, 임현경 옮김, 《위대한 시크릿》, 알에이치코리아, 2021.
론다 번, 김우열 옮김, 《시크릿》, 살림BIZ, 2007.
롭 무어, 이진원 옮김, 《머니-새로운 부의 법칙》, 다산북스, 2018.
릭 에덜먼 & 박용석, 이진원 옮김, 《부자가 되는 길》, 위즈덤하우스, 2008.
마에다 유지, 김윤경 옮김, 《메모의 마법》, 비즈니스북스, 2020.
박승안, 《부자가족 프로젝트》, 알키, 2020.
백기락, 《1인 기업 성공시대》, 크레벤지식서비스, 2009.
백남정 외 《디지털 부자가 꼭 알아야 할 NFT》, 노북, 2022.
사경인, 《진짜 부자 가짜 부자》, 시크릿하우스, 2020.
사이토 히토리, 이지수 옮김, 《부자의 행동 습관-부의 에너지를 끌어당기는 행동의 법칙》, 다산북스, 2020.
새라 고트프리드, 정지현 옮김, 《건강 수명을 늘리는 7주 혁명》, 반니,2019.
서지은, 《지식 크리에이터로 사는 법-1인 기업 라이프》, 인간사랑, 2019.
스콧 애덤스, 김인수 옮김, 《더 시스템》, 베리북, 2020.
스튜어트 D. 프리드먼, 이은주 옮김, 《와튼스쿨 리더십 특강》, 교보문고, 2020.
스티븐 디소자, 함혜숙 옮김, 《하룻밤에 끝내는 기적의 인맥》, 21세기북스, 2009.
스티븐 코틀러, 이경식 옮김, 《멘탈이 무기다》, 세종서적, 2021.

신익수, 《상위 1퍼센트의 결정적 도구》, 생각의길, 2020.
신제구, 《리더의 길》, 책비, 2019.
아담 J. 잭슨, 장연 옮김, 《내가 만난 1%의 사람들》, 산솔미디어, 2020.
앤서니 라빈스, 조진형 옮김, 《네 안에 잠든 거인을 깨워라》, 씨앗을 뿌리는 사람, 2008.
에릭 플래스커, 주민아 옮김, 《100년 라이프스타일》, 폴라북스, 2007.
엠제이 드마코, 안시열 옮김, 《언스크립티드-부의 추월차선 완결판》, 토트출판사, 2018.
월리스 와틀스, 김해온 옮김, 《부의 비밀》, 흐름출판, 2020.
월리스 D. 와틀스, 김병민 옮김, 《부자들의 시크릿 노트》, 예감, 2021.
유수진, 《부자언니 머니노트》, 세종서적, 2020.
유키 소노마, 정은희 옮김, 《하버드 행복수업》, 매경출판, 2017.
이경상, 《코로나19 이후의 미래》, 중원문화, 2020.
이나모리 가즈오, 김윤경 옮김, 《왜 리더인가》, 다산북스, 2021.
이범용, 《습관의 완성》, 스마트북스, 2020.
이서윤 & 홍주연, 《더 해빙》, 수오서재, 2020.
이서윤, 《해빙 노트》, 수오서재, 2020.
이승준 & 유지은, 《돈과 시간에서 자유로운 인생 1인 기업》, 나비의 활주로, 2016.이승준, 《돈과 시간에서 자유로운 인생 1인 기업 실전 편》, 나비의 활주로, 2018.
이지윤, 《위기를 기회로 바꾸는 부의 공식》, 길벗, 2020.
이천 & 김혜원, 《90일만 쓰면 부자되는 가계부》, no book, 2018.
이태영, 《록펠러처럼 자산관리 하라》, 은행나무, 2010.
존 롱고 & 타일러 롱고, 배지혜 옮김, 《워런 버핏의 위대한 부자 수업》, 비즈니스북스, 2022.
주종민, 《메타버스-가상세계와 새로운 부의 탄생》, 광문각, 2022.
제임스 클리어, 이한이 옮김, 《아주 작은 습관의 힘》, 비즈니스북스, 2019.
최윤식, 《빅체인지-코로나19 이후 미래 시나리오》, 김영사, 2020.
케빈 크루즈, 김태훈 옮김, 《계속하게 만드는 하루관리 습관》, 프롬북스, 2017.
한국경제신문 코로나 특별취재팀, 《코로나 빅뱅, 뒤바 미래》, 한국경제신문, 2020.
한상훈 외, 《행복한 미래를 위한 은퇴수첩》, 한국퇴직연금개발원, 2020.
할 엘로드 & 데이비스 오스본, 이주만 옮김, 《미라클 모닝 밀리어네어》, 한빛비즈, 2019.
황국영, 《은퇴 준비, 어떻게 할까요?》, 한국경제신문i, 2020.

시크릿노트 텀블벅 프로젝트 후원자

김대중-이희호 대통령 부부 탄생 100주년 기념 전기 <시크릿 노트> 시리즈
크라우드 펀딩에 참여해 주신 모든 후원자님께 깊이 감사드립니다.

강정순, 강혜정, 고순희 이지현, 구름위지안, 구영손, 구현주, 권준열, 기도하는사람, 김경숙, 김귀경, 김기훈, 김남훈, 김상범, 김성천, 김승호, 김애라, 김연희마리아, 김영란, 김은주, 김은혜, 김제현, 김종수, 김종욱, 김주연, 김지연, 김진숙, 김태영, 김현수, 김환진, 김희진, 나경아, 나승화, 내사랑딱풀, 노해섭, 대한민국만세, 도토리깍쟁이, 디언니, 류승현Rufino, 마나스튜디오 대표 공성술, 만세, 만덕 아빠, 문유정, 문파마왕, 문파자매, 민주주의, 바다로흐르는달빛, 바다시인, 박갑술, 박경진, 박나영, 박남수, 박민우, 박상하 사회경제연구원 대표, 박서정, 박서형, 박세환, 박영애(요양보호사), 박정희(전 대구북구의원), 발막마을 김수진, 백승협, 백재성, 백종인, 보령할배, 봉영근, 북유게, 사랑해요양산킹카, 서니뱅크, 서동욱, 서혜민, 성신미, 손지혜, 송성구, 시연 승유 유강, 신영미, 신유진, 신정화, 신혜란, 아미가되고픈애미, 안병수, 안태경, 양미례와 김용재, 양미용, 양승안, 양주열, 엄은희, 여호와로이, 유하은, 윤원호, 윤진희, 이강석(거성환경), 이근규 전 제천시장, 이낙연응원하는오돌돌, 이남진, 이미자, 이석기, 이소영, 이수창, 이유동, 이윤교, 이윤석, 이정기 , 이정란, 이정아, 이정옥(따뜻한마음), 이철희, 이충화, 이현애, 이화(은혜), 이휘나, 일산아지매, 임선영, 임채영, 장성철, 전창민, 전혜림, 절세미인, 정미영, 정백, 정은숙, 정치신세계, 정태곤, 정홍진, 조일화, 진돌스, 채정훈, 청보리, 최경은, 최성웅, 최욱태, 최유섭, 최윤화, 최진영, 최혜진집사, 춘하추동, 코코사랑달, 쿨타운, 퀴달리에, 필로스페이스 대표 황필호, 한국공간정보통신 김인현, 한국중소기업경영자협회, 한방울, 한영식, 한유미, 홍성원, 홍정민, 황금산, 황연순, 힐데가르트, Ahn, Gil dreamer, hey, SKS, sora, zzomthe

저자소개

30대 초반 김대중 대통령과의 운명적 만남을 계기로, 김대중 정부 청와대 행정관, 노무현 정부 17대 국회의원 그리고 문재인 정부 재선 경기도 고양시장을 역임한 최성. 그는 청와대 외교안보비서실과 국회 통일외교통상위원회, 전국대도시시장협의회장과 GIS협회장, 그리고 (사)세계경제인네트워크의 이사장으로 일하면서 5대양 6대주를 누비며, 글로벌 기업과 정치 · 행정 분야에서 탁월한 성과를 낸 '특별한 1%의 지도자'들과 지금까지 깊은 네트워크를 형성하고 있다.

청년시절부터 세계 3대 인명사전 중 2곳에 이름이 게재된 최성은 미국 하버드대학 케네디스쿨에서 운영하는 21세기 지도자 프로그램과 서울대 정보통신방송정책 최고위 과정 그리고 카이스트 최고 벤처CEO과정 등을 거치면서 국내는 물론 국제적으로 '특별한 1%의 행복한 부자'를 만나 그들의 철학과 비전을 듣고 볼 수 있는 기회를 가졌다.

고려대에서 정치학 박사를 거쳐 연구교수를, 한양대에서 행정학 박사를 거쳐 특임교수로서 활동한 바 있는 최성은 하버드 대학과 케임브리지 대학, 베이징 대학 등에서 특별 초청강연을 수행한 바 있다. 미국 존스홉킨스대학의 Visiting Scholar를 거쳐 지금은 (사)한반도평화경제연구원 이사장과 <최성TV> 대표, (재)김대중기념사업회 김대중사상 계승발전위원장을 역임하고 있는 최성은 김대중 대통령 탄생 100주년(2024.1.6)을 맞아 다양한 기념사업을 추진하고 있다.

주요 저서는 베스트셀러가 된 《김대중 잠언집: 배움》외에도 《시크릿 노트: 절망에서 성공하는 비결》《위기관리 시스템 혁명》《부자 엄마 행복한 아빠 프로젝트》 등 다수 저서가 있다.

* 저자 최성과의 소통 및 김대중 대통령 100주년 기념사업 관련 문의는
choisung21@daum.net와 1인 유튜브<최성TV>를 통해서 가능합니다.
연락처 : 최성 010-8963-8201